Abiodun Ilugbusi

Desenvolvimento de um sistema de autenticação baseado em impressões digitais de várias instâncias

Abiodun Ilugbusi

Desenvolvimento de um sistema de autenticação baseado em impressões digitais de várias instâncias

ScienciaScripts

Cover image: www.ingimage.com

This book is a translation from the original published under ISBN 978-620-2-00739-9.

Publisher:
Sciencia Scripts
is a trademark of
Dodo Books Indian Ocean Ltd. and OmniScriptum S.R.L publishing group

120 High Road, East Finchley, London, N2 9ED, United Kingdom
Str. Armeneasca 28/1, office 1, Chisinau MD-2012, Republic of Moldova, Europe
Printed at: see last page
ISBN: 978-620-7-88191-8

ÍNDICE

RECONHECIMENTOS

Devolvo toda a glória e honra ao Deus Todo-Poderoso, que nunca compartilhará Sua glória em minha vida com ninguém, por Sua orientação, provisão, proteção e favor durante todo o período deste programa. Na verdade, grande é a Sua fidelidade.

Meus sinceros agradecimentos ao meu Supervisor, Dr. AO Adetunmbi Senhor, você é um em um milhão; muito obrigado pelo imenso apoio, correção e atenção aos detalhes que tornaram este trabalho único, apesar das diversas pesquisas que foram feitas neste campo de pesquisa.

Agradeço ao Chefe do Departamento de Ciência da Computação, Prof. OS Adewale . A minha profunda gratidão vai também para todos os professores do departamento, especialmente aqueles que me acompanharam durante o meu trabalho de curso.

À minha adorável esposa, uma amiga mais próxima do que um irmão, um pilar inesquecível que o Deus Todo-Poderoso tem usado para fortalecer algumas das minhas fraquezas como homem, um símbolo verdadeiramente único de fé, determinação, apoio e encorajamento através de uma dedicação completa e forma refinada de disciplina moral e financeiramente. Você é realmente uma bênção.

Será pura ingratidão se eu deixar de mencionar e reconhecer meus amigos e simpatizantes. O Sr. Olatunji Sylvester, o Sr. Emmanuel Aigborbiosa entre outros, provaram ser um verdadeiro amigo, com o apoio que deram rezo para que meu Deus recompense a todos vocês.

Deus abençoe todos vocês.

ABSTRATO

Este estudo apresenta um sistema de reconhecimento de impressões digitais multi-instâncias, que é imune a diversos problemas encontrados em sistemas unimodais. Durante a inscrição, todas as impressões digitais disponíveis são capturadas e as suas características únicas extraídas, processadas e armazenadas numa base de dados juntamente com os dados biológicos de um determinado sujeito. Pontos minuciosos foram extraídos das imagens de impressões digitais usando o método do número de cruzamento (CN), que extrai terminações e bifurcações de cristas de uma imagem de esqueleto, examinando a vizinhança local de cada pixel de crista usando uma janela 3 x 3. A autenticação requer duas impressões digitais que são solicitadas aleatoriamente ao usuário, das quais os recursos são extraídos e comparados com aqueles no modelo de banco de dados, respectivamente, para determinar uma pontuação de correspondência de cada um. Cada pontuação da partida é então fundida usando a regra da soma ponderada. A pontuação fundida é então comparada para realizar a partida final. O resultado experimental mostra um tempo médio de execução de 3,82 segundos para verificação dos assuntos e precisão de 98,67%, e em um PC AMD E1-2100 com 4 GB de RAM. Ele possui capacidade de tolerância a falhas e flexibilidade de mudança de múltiplas instâncias para múltiplas características, com ambos os módulos trabalhando independentemente um do outro. O modelo apresentado neste trabalho de investigação irá mitigar as elevadas incidências de falsificação de identidade e práticas perversas perpetuadas por pessoas em diversos estabelecimentos públicos e privados.

Capítulo 1

INTRODUÇÃO

1.1 Antecedentes do Estudo

Com a recente situação económica em África e mais especialmente na Nigéria em particular; tanto as empresas privadas como as governamentais precisam agora, mais do que nunca, bloquear os desperdícios e esgotar os fundos gastos no pagamento de trabalhadores fantasmas (trabalhadores inexistentes na folha de pagamentos de uma organização) e de pessoal com baixo desempenho. Já não é novidade que as técnicas convencionais, como a assinatura do registo de presenças, o atendimento de uma chamada, a autorização anual dos trabalhadores, entre outras, falharam, uma vez que os funcionários de verificação podem ser facilmente comprados com dinheiro, simpatia ou empatia. A necessidade de reduzir as práticas ilícitas no local de trabalho e garantir que os fundos das instituições sejam gastos criteriosamente não pode ser subestimada. Um sistema de controle de acesso seguro que exige que um indivíduo não receba acesso por procuração, garantindo que cada indivíduo se torne a chave de acesso, em vez de usar um cartão de troca, chave de metal ou senha que pode ser facilmente extraviada, roubada ou esquecida. Uma forma de alcançar este nível de segurança é através da autenticação biométrica.

Um sistema biométrico utiliza características fisiológicas e/ou comportamentais de um indivíduo para fins de reconhecimento. Essas características incluem impressões digitais, geometria da mão, rosto, marcha, retina, impressão palmar, íris e entre outros. Nos últimos anos, a autenticação biométrica tem registado melhorias consideráveis em termos de fiabilidade e precisão, com algumas características oferecendo bom desempenho e está a ser adotada para fornecer identificação positiva com um elevado grau de confiança. No entanto, nenhum dos dados biométricos é 100% preciso (Rattani et al 2007).A biometria pode ser usada em ambientes onde o reconhecimento de um indivíduo é necessário. As aplicações variam e vão desde o acesso lógico a um computador pessoal até o acesso físico a um laboratório seguro. Eles podem ser usados em diversos ambientes de coleta como sistemas de identificação. A biometria também é usada para aplicações de responsabilização, como registrar as identidades biométricas de indivíduos embarcando em uma aeronave, assinando um equipamento ou registrando a cadeia de evidências. É claro que a biometria funciona de forma mais confiável em ambientes controlados, como escritórios e laboratórios, do que em ambientes não controlados, como exteriores.

É imprescindível saber que não existe uma modalidade biométrica que seja melhor para toda implementação. Muitos fatores devem ser levados em consideração ao implementar um dispositivo biométrico, incluindo localização, riscos de segurança, tarefa (identificação ou verificação), número esperado de usuários, circunstâncias do usuário, dados existentes e assim por diante. Também é importante observar que as modalidades biométricas estão em diversos estágios de maturidade. Por exemplo, o reconhecimento de impressões digitais tem sido utilizado há mais de um século, enquanto o reconhecimento da íris tem pouco mais de uma década. Deve-se notar que a maturidade não está relacionada com qual tecnologia é a melhor, mas pode ser um indicador de quais tecnologias têm mais experiência de implementação.

A maioria dos sistemas biométricos em aplicações reais são unimodais (modal único), o que significa que dependem de uma forma de característica biométrica para identificação. Um sistema biométrico unimodal tem muitas limitações devido à sensibilidade ao ruído, à secura, à pressão, ao óleo, à qualidade dos dados, à não universalidade e assim por diante. E, além disso, resulta em uma taxa de falsa aceitação (FAR) relativamente alta. Um sistema de autenticação biométrica robusto e eficiente deve ter uma alta taxa de aceitação genuína e uma baixa taxa de aceitação falsa. O sistema biométrico multimodal utiliza a capacidade de combinar duas ou mais características fisiológicas ou comportamentais para registro, verificação ou identificação.

Segundo Ross, et al (2006) o multimodal abordou algumas questões relacionadas ao unimodal como:

a) Não universalidade ou cobertura populacional insuficiente (reduz a taxa de insucesso de matrícula , o que aumenta a cobertura populacional).
b) Torna-se cada vez mais difícil para um impostor falsificar múltiplas características biométricas de um indivíduo legitimamente inscrito.
c) Os sistemas multimodais também abordam eficazmente o problema dos dados ruidosos (doenças que afectam a voz, cicatrizes que afectam as impressões digitais).

Os sistemas multimodais podem oferecer melhorias substanciais na precisão da correspondência de um sistema biométrico, dependendo da informação que está sendo combinada e da metodologia de fusão adotada (Teoh et al, 2004).

1.2 Motivação para Pesquisa

Os sistemas de autenticação baseados em algo que não seja um aspecto intrínseco do ser humano nem sempre são seguros. Por exemplo , chaves, cartões de troca, crachás, tokens (itens que são processados fisicamente) podem ser perdidos, duplicados, esquecidos ou roubados. Também coisas que são memorizadas, como senha, números de identificação pessoal (PINs) e assim por diante; pode ser esquecido ou comprometido ao ser compartilhado ou observado por indivíduos com intenções ocultas. Quando os acessos a informações ou instalações supostamente seguras são comprometidos por um intruso, não há limite para os danos que podem ser causados. As características biométricas, por outro lado, não são tão afetadas por esses problemas específicos porque a biometria depende de quem você é. Wayman (2002) enfatizou que o mérito de um bom sistema de digitalização biométrica é sua velocidade, precisão, confiabilidade, facilidade de uso e custo.

A frequência insatisfatória causada por ausências não programadas e atrasos causa interrupções no trabalho, afeta a produtividade e cria problemas de moral quando a carga de trabalho é transferida para outro funcionário (McKeehan , 2002). A biometria como medida de autenticação ajudará na produtividade no local de trabalho, pois o atendimento é feito e a análise eletronicamente. A vadiagem também será reduzida, pois o tempo dos funcionários pode ser contabilizado dentro da organização.

A motivação para esta pesquisa é motivada pelo seguinte:

a) A necessidade de reduzir drasticamente a atitude indiferente dos indivíduos em relação ao trabalho.
b) Para reduzir a lista de suspeitos em caso de roubo, considere os indivíduos em caso de incêndio, verificando a presença de um indivíduo dentro/fora de um edifício num determinado momento.
c) Flexibilidade na utilização do sistema em caso de deformação parcial de um usuário existente.

1.3 Objetivos de pesquisa

Os objetivos específicos da pesquisa são:

a. projetar um sistema de autenticação de impressão digital de múltiplas instâncias; e

b. implementar (a) como uma medida de segurança de front-end.

1.4 Metodologia de Pesquisa

Foi realizado um estudo de características biométricas e técnicas de fusão que combinam duas ou mais características biométricas. Cada minúcia detectada c_i é descrita principalmente por três parâmetros:

C eu = (X eu , (1.1)
y i , θ ;)

Onde: X j , y i , - são coordenadas do ponto da minúcia,

0 t - é a direção minuciosa normalmente obtida da crista

local

orientação

A impressão digital é considerada um padrão de textura orientado e foi adotado o método de estimativa dos mínimos quadrados médios. O pixel de orientação local (i , j) pode ser estimado usando as seguintes equações: $V_x = \sum_{u=i-\frac{w}{2}}^{i+\frac{w}{2}} \sum_{v=j-\frac{w}{2}}^{j+\frac{w}{2}} 2\partial_x(u,v)\,\partial_y(u,v)$ (1.2)

$$V_y = \sum_{u=i-\frac{w}{2}}^{i+\frac{w}{2}} \sum_{v=j-\frac{w}{2}}^{j+\frac{w}{2}} 2\,\partial_x^2(u,v)\,\partial_y^2(u,v) \quad (1.3)$$

$$\theta(i,j) = \frac{1}{2}\tan^{-1}\frac{V_y(i,j)}{V_x(i,j)} \quad (1.4)$$

Onde:

0 (i ,j) - é a estimativa de mínimos quadrados da orientação local no bloco centrado no pixel *(i,j)* , d_x,d_y - são as magnitudes do gradiente (o Operador Sobel) nas direções xey.

vizinhança

local usando um filtro gaussiano. O algoritmo de correspondência compara dois conjuntos de minúcias: modelo *T* = (c n c 2 ,... *c t)* da impressão digital de referência e entrada

( ) da consulta e pontuação de similaridade de retorno (

)

O par de minúcias Q e C_j são considerados correspondentes apenas se a diferença em suas posições e direções for menor que as distâncias de tolerância:

$$s\, d = {}^{(} c_{se} Ci) = 1 \wedge 7(\%\, I - Xj\,)^{2} + (\,yi - yj\,)^{2} < r_{0} \qquad (1,5)$$

$$dd = (\, \mathrm{CpC}_{\,y}\,) = 1 \ll \min(\, \backslash 0_{\,i} - 0j \backslash,\ 3\,60 - \backslash 0_{\,i} - 0_{\,;} - |\,) \qquad < 6_{0} \qquad (1,6)$$

A fusão é feita no nível de pontuação correspondente para tornar o sistema mais flexível, onde cada módulo fornece uma pontuação correspondente indicando a proximidade do vetor de recurso com o vetor de modelo. Essas pontuações podem ser combinadas para afirmar a veracidade da identidade reivindicada. As pontuações individuais das partidas são combinadas para gerar uma única pontuação escalar, que é então usada para tomar a decisão final.

As pontuações de dois dedos são usadas na autenticação, usando a regra da soma ponderada dada por:

$$FS = LFS^{\wedge} n + RFS^{*}\,(1 - n) \qquad (1,7)$$

Onde a correspondência *LFS* (%) é de qualquer módulo de pontuação do dedo esquerdo, *RFS* é a correspondência (%) do módulo de pontuação do dedo direito en é um número de ponto flutuante entre 0 e 1. O valor da soma (FS) representa a precisão final do autenticação de múltiplas instâncias.

O sistema então está em sinergia com as portas com leitor de impressão digital incorporado, para autenticar e conceder acesso apenas a indivíduos conhecidos. O sistema foi simulado na plataforma do sistema operacional Windows 7, utilizando MySQL como mecanismo de back-end e tecnologia java como mecanismo de front-end.

1.6 Organização da Tese

Este trabalho de pesquisa está dividido em cinco capítulos. O primeiro capítulo apresenta o trabalho de pesquisa que consiste nos antecedentes do estudo, algumas propriedades da biometria, razões para o uso de uma biometria multimodal, motivação para o trabalho de pesquisa, objetivos do trabalho de pesquisa, contribuição esperada para o conhecimento e metodologia de pesquisa.

O capítulo dois consiste na revisão que destaca a visão geral de várias tecnologias biométricas, visão geral da fusão biométrica, diferentes abordagens para o sistema biométrico multimodal e uma revisão detalhada da literatura.

O capítulo três apresenta o design do sistema do trabalho de pesquisa.

O capítulo quatro apresenta a implementação da pesquisa, o resultado e a discussão do resultado do trabalho de pesquisa. A análise de desempenho do sistema de impressão digital de múltiplas instâncias foi realizada usando a curva de taxa de erro igual (EER) e característica de operação do receptor (ROC).

O capítulo cinco resume a tese, conclui o trabalho e dá recomendações para trabalhos futuros.

Capítulo 2

REVISÃO DA LITERATURA

Este capítulo consiste na visão geral de várias tecnologias biométricas, técnicas de fusão biométrica, diferentes abordagens para sistemas biométricos multimodais e uma revisão detalhada da literatura de trabalhos relacionados.

2.1 Conceitos biométricos

A ideia da biometria começou com o uso humano de características faciais para identificar várias pessoas. A literatura científica sobre medidas quantitativas de seres humanos para fins de identificação começou na década de 1870, quando Alphonse Bertillon, chefe da divisão de identificação criminal do Departamento de Polícia de Paris, França, desenvolveu um método de identificação baseado em uma série de medidas corporais que foi usado em os EUA para identificar prisioneiros até a década de 1920 (David, 2010). O desenvolvimento da técnica de processamento digital de sinais na década de 1960 levou quase imediatamente ao trabalho na automação da identificação humana. Steel e Tome (1996) destacam as diferenças entre os termos biometria e biometria: a biometria abrange um campo muito mais amplo que envolve aplicações da estatística à biologia e à medicina.

Além disso, há quase 40 anos, a IBM sugeriu que um utilizador de computador poderia ser reconhecido num terminal de computador "por algo que conhece ou memoriza ou por algo que transporta através de características físicas pessoais". Estas análises foram feitas nos limites da segurança de dados informáticos - reconhecendo remotamente aqueles autorizados a aceder aos dados armazenados e referenciando especificamente o reconhecimento de voz como uma "característica física pessoal" útil para o reconhecimento humano, embora a escrita manual automatizada, a impressão digital, a geometria da mão e os sistemas faciais fossem, em 1970. Uma pesquisa relata que o usuário pesado de Tecnologia da Informação (TI) precisa lembrar em média vinte e uma senhas (algumas até 70), 49% dos usuários anotam ou armazenam sua senha em um arquivo e 67% nunca a alteram senhas (pesquisa de senha do NTA Monitor, 2002). De acordo com Gafurov (2002), o reconhecimento de pessoas baseado em biometria é imune às dificuldades mencionadas acima das abordagens baseadas em conhecimento e em objetos.

Desde então, o reconhecimento automático de pessoas tem sido feito por características fisiológicas e comportamentais e passou a ser conhecido como “verificação e autenticação biométrica” e as aplicações foram ampliadas para além do reconhecimento remoto de um usuário através de um terminal de computador (Cohen e Zemo , 2004). Recentemente, as tecnologias biométricas estão a ser utilizadas em todos os tipos de aplicações não previstas pelos primeiros pioneiros e não realizáveis com “algo conhecido” ou “algo transportado”, tais como chaves, cartões magnéticos, emissão de vistos e passaportes e sistemas de gestão de bilhetes de entretenimento. (Wayman , 2007).

O problema de resolver a identidade de uma pessoa pode ser categorizado em dois tipos fundamentalmente distintos, 'verificação e identificação' com diferentes complexidades inerentes (Jain et al, 1998). A verificação (autenticação) refere-se ao problema de negar a identidade reivindicada a uma pessoa (sou quem afirmei ser?). O reconhecimento (Quem sou eu?) refere-se ao problema de estabelecer a identidade de um sujeito. Uma identificação pessoal confiável é fundamental em muitas transações diárias. Por exemplo, o controlo de acesso às instalações físicas e aos privilégios informáticos está a tornar-se cada vez mais importante para evitar o seu abuso. Há um interesse crescente na identificação pessoal cara e confiável em muitas aplicações civis, comerciais e financeiras emergentes. Jain et al (2008) afirmaram a relevância da biometria na sociedade moderna, o que reforça a necessidade de sistemas de gestão de identidade em larga escala, cuja funcionalidade depende da determinação precisa da identidade de um indivíduo no contexto de diversas aplicações diferentes. Exemplos de tais aplicações incluem o compartilhamento de recursos de computadores em rede, a concessão de acesso a instalações nucleares, a realização de transações financeiras remotas ou o embarque em voos comerciais. Com o desenvolvimento de mais sistemas, que prestam serviços baseados na identidade de uma pessoa, a identificação torna-se mais importante. No entanto, fornecer acesso seguro aos usuários autorizados é um desafio para o sistema de identificação (Burge e Burger, 2000).

Vários meios convencionais para identificação de pessoas incluem passaporte, chaves, token, cartões magnéticos, número de identificação pessoal e senha. Infelizmente, tudo pode ser roubado, esquecido, extraviado, compartilhado, adivinhado ou hackeado. Croce et al (2002) relataram a grande perda causada por essas desvantagens. No entanto, Ross et al (2005) ofereceram uma solução confiável, eficaz e eficiente para preencher as lacunas do método convencional de identificação pessoal utilizando sistemas biométricos. Esses sistemas são baseados em traços (características) humanos que, diferentemente dos métodos convencionais, não podem ser esquecidos, perdidos, roubados ou duplicados.

2.1.1 Tecnologias envolvidas em Biometria

Em termos de computação, biometria refere-se à confirmação de técnicas de identidade e segurança que dependem de dados fisiológicos e individuais quantificáveis.

traços comportamentais . Exemplos de características fisiológicas e comportamentais usadas atualmente para identificação automática incluem voz, íris, retina, impressão digital, nós dos dedos , mão, caligrafia, rosto e pressionamento de tecla. No entanto, medidas recentes (como marcha, formato das orelhas, reflexão óptica da pele e odor corporal) estão sendo desenvolvidas. Devido à ampla gama de características utilizadas, os requisitos de imagem da tecnologia variam muito. O sistema pode medir sinal unidimensional (voz); vários sinais unidimensionais simultâneos (caligrafia); uma única imagem bidimensional (impressão digital); múltiplas quantidades bidimensionais (geometria manual); uma série temporal de imagem bidimensional (face e íris); ou uma imagem tridimensional comumente usada em algum sistema de reconhecimento facial (Thompson, 2014).

comportamentais descritos por Wilds (2007) identificam os usuários com seu modo de manusear a caneta ao escrever; caminhada (marcha), voz ou assinatura. No entanto, os traços fisiológicos foram descritos como um método que tenta identificar um usuário por algum tipo de características físicas exclusivas do usuário. Exemplos são impressão digital, íris, rosto, retina, ouvido e ruído. Os sistemas biométricos têm sido pesquisados e testados há mais de duas décadas e McMahon (2005) relatou várias empresas implementando tecnologias biométricas com base em suas características biométricas.

A Figura 2.1 mostra algumas das características biométricas mais utilizadas e suas categorias.

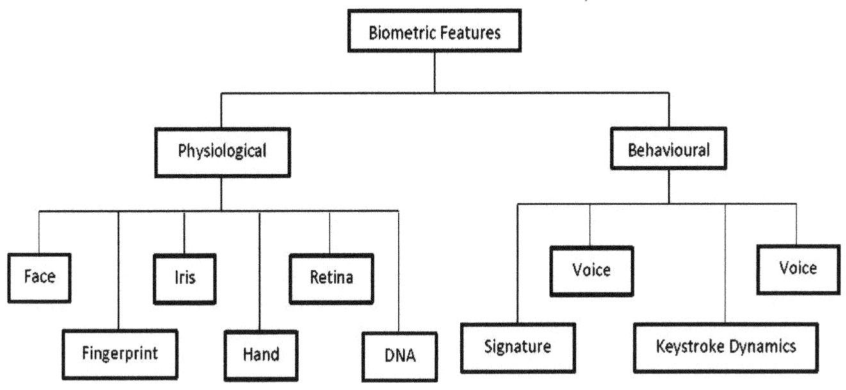

Figura 2.1: **Classificação Biométrica**

2.1.2 Características das características biométricas

Vários traços biométricos estão sendo usados em diferentes aplicações, dependendo das necessidades do usuário e da conveniência de uso. Cada biometria tem seus pontos fortes e fracos; portanto, a escolha de uma característica biométrica para uma aplicação específica depende de algumas questões além do desempenho correspondente. Segundo Jain et al (2006), sete fatores principais determinam a adequação de uma característica fisiológica ou comportamental considerada para ser utilizada em uma aplicação biométrica. Estes são:

i. Universalidade: Todos que acessam o aplicativo devem ter o mesma característica.

ii. Singularidade: A característica escolhida deve distinguir suficientemente indivíduos que compõem toda a população.

iii. Permanência: O traço biométrico individual deve ser suficientemente invariante ao longo de um período de tempo com a devida consideração aos algoritmos de correspondência.

iv. Mensurabilidade: a aquisição e digitalização do traço biométrico deve ser possível utilizando dispositivos adequados no que diz respeito à conveniência individual. Além disso, os dados adquiridos (brutos) devem ser passíveis de processamento para extrair conjuntos de recursos.

v. Desempenho: A precisão do reconhecimento e os recursos necessários para alcançá-la devem atender às restrições impostas pela aplicação.

vi. Aceitabilidade: Os indivíduos da população-alvo para a qual o aplicativo foi desenvolvido devem estar dispostos a apresentar suas características biométricas ao sistema.

vii. Resistência à evasão: Refere-se ao grau de dificuldade necessário para contornar ilegalmente o aplicativo (sistema), devido ao fato de que características biométricas individuais podem ser imitadas por meio de artefatos que 'clonam a biometria de uma pessoa'.

2.1.3 Taxonomia de uso de sistemas biométricos

O sistema biométrico pode ser projetado para testar uma de apenas duas hipóteses possíveis (Wayman , 2005), que são:

a) Que as amostras enviadas são de pessoa conhecida do sistema; ou

b) que as amostras enviadas são de um indivíduo desconhecido pelo sistema.

As aplicações que testam a primeira hipótese são chamadas de sistemas de "identificação positiva" (verificando uma alegação positiva de inscrição individual), enquanto as aplicações que testam esta última são sistemas de "identificação negativa" (verificando uma alegação de não inscrição de um impostor). Independentemente dos sistemas biométricos, todos são de um tipo ou de outro. Esta é a distinção mais importante entre sistemas e controla potenciais arquiteturas, vulnerabilidades e taxas de erro do sistema. A identificação positiva e negativa são "duplas" uma da outra. Os sistemas de identificação positiva geralmente servem para evitar múltiplos usuários de uma única identidade, enquanto os sistemas de identificação negativa servem para evitar múltiplas identidades de um único usuário. Em sistemas de identificação positiva, o modelo registrado ou o armazenamento de modelos pode ser centralizado ou descentralizado, incluindo a colocação em leitura óptica, tarja magnética ou cartões inteligentes. Os sistemas de identificação negativa exigem armazenamento centralizado. Os sistemas de identificação positiva rejeitam a reivindicação de identidade de um usuário se nenhuma correspondência entre as amostras enviadas e os modelos inscritos for encontrada. Os sistemas de identificação negativa rejeitam a reivindicação de ausência de identidade de um usuário se uma correspondência for encontrada. Independentemente do tipo de sistema, as falsas rejeições são um incômodo para os usuários e as falsas aceitações permitem fraudes.

2.1.4 Taxonomia de ambientes de aplicações biométricas

O ambiente do aplicativo teve um efeito significativo no desempenho do dispositivo. Em termos reais, a caracterização precisa do ambiente operacional é fundamental na seleção da melhor tecnologia biométrica e na previsão das características operacionais do sistema (Wayman , 2005). O método de análise de um ambiente operacional proposto por meio da diferenciação das aplicações é subdividido em seis categorias além das aplicações 'positivas' e 'negativas'. Eles são:

a) Aberto vs. Oculto: Se o usuário estiver ciente de que sua característica biométrica está sendo medida, então o aplicativo é evidente (aberto), caso contrário, o uso do aplicativo é secreto (oculto).
b) Habituado vs. Não Habituado: O usuário apresenta seu traço biométrico diariamente por um determinado período de tempo "login/out no trabalho

ou marcação de presença" então o aplicativo é referido como habituado e não habituado caso contrário.

c) Assistido vs. Não Assistido: O usuário é observado e orientado durante o uso do aplicativo pelos supervisores (gerente). A aplicação é referida como atendida; caso contrário, é referido como não atendido.

d) Ambiente Padrão vs. Ambiente Não Padrão: As condições podem ser controladas e se o uso ocorrer em ambientes internos dentro de condições padrão, a implantação do aplicativo será considerada como tendo sido em ambiente padrão; caso contrário, o uso será em ambiente não padrão.

e) Público x Privado: Os usuários do sistema serão clientes da gestão do sistema (público) ou funcionários (privado)? Claramente, as atitudes em relação ao uso dos dispositivos, que afetarão diretamente o desempenho, variam dependendo do relacionamento entre os usuários finais e o gerenciamento do sistema.

f) Aberto vs. Fechado: O sistema utilizado funciona em formatos totalmente proprietários, a aplicação é chamada de fechada; se o sistema puder trocar quaisquer dados com outros sistemas biométricos usados em outra aplicação, então o uso é chamado de aberto.

As tecnologias biométricas existentes podem ser divididas em duas categorias principais; que são: tecnologias biométricas com e sem contato.

2.2 Entre em contato com tecnologias biométricas.

Nas tecnologias biométricas de contato, os usuários costumam ter um toque físico (contato) com dispositivos biométricos, que incluem:

i. Geometria da mão

A versátil mão humana nos permite agarrar, lançar e fabricar ferramentas. Hoje, a mão humana tem outro uso, um meio de verificação de identidade. Os antigos egípcios usavam medidas corporais para classificar e identificar pessoas. Recentemente, os scanners de geometria manual usaram óptica infravermelha e tecnologia de microprocessador para registro rápido e preciso e comparação das dimensões das mãos. Várias tecnologias de verificação da geometria manual evoluíram durante este século. Eles variam de dispositivos eletromecânicos até scanners eletrônicos de estado sólido fabricados atualmente. Várias empresas lançaram esforços de desenvolvimento e produção durante os anos 70 e início dos anos 80, tais como Ernst, (1971); Jacoby e outros (1972). Em meados da década de 1980, David Sidlauskas desenvolveu e patenteou um dispositivo eletrônico de geometria manual (Sidlauskas , 1988).

A essência da geometria da mão é a dimensão comparativa dos dedos e a localização das articulações, forma e tamanho da palma. Um dos primeiros sistemas biométricos automatizados foi instalado no final dos anos 60 e usava geometria manual e permaneceu em produção por quase 20 anos. Os sistemas são amplamente implementados por sua facilidade de uso, aceitação pública e capacidade de integração. A técnica é muito simples, relativamente fácil de usar e barata. O tempo seco ou anomalias individuais, como pele seca, não parecem ter quaisquer efeitos negativos na precisão da verificação. Existem dois tipos de sistemas baseados em geometria manual. Um tipo usa a mão inteira para reconhecimento e o outro usa apenas dois dedos. Baseia-se no fato de que a mão de cada pessoa tem um formato diferente e não muda significativamente com o tempo (Kumar, 2003). A forma e o comprimento dos dedos e das juntas são usados. Estes sistemas são especialmente úteis em ambientes exteriores e também têm a vantagem de os modelos serem muito pequenos, como 9 bytes (Jain e Dorai , 2005).

de Nalini e Bolle (2006) revelou que a autenticação baseada na geometria da mão é uma biometria escalonável limitada, mas extremamente fácil de usar. Os comprimentos dos dedos e outros atributos do formato da mão são extraídos de imagens de uma mão e usados na representação. Para obter tais características brutas, pode ser empregue uma câmara relativamente barata, resultando num custo global baixo do sistema. Como a computação também é bastante leve, um sistema independente é fácil de construir. Como essa biometria não compromete a privacidade do usuário, ela é amplamente aceita. No entanto, os sistemas de autenticação baseados na geometria da mão são menos precisos do que as técnicas de autenticação baseadas em impressões digitais. Possui alto FAR e FRR também. Como a geometria da mão não é muito distinta, ela não pode ser usada para identificação de um indivíduo de uma grande população, mas sim em modo de verificação. Além disso, Kresimir e Mislav (2004), afirmam que as informações da geometria da mão podem não ser invariantes durante o período de crescimento das crianças. A limitação na destreza (artrite) ou mesmo as joias podem influenciar a extração da informação correta da geometria da mão. Este método pode ser bastante fácil de usar comercialmente em laptops. Existem até sistemas de verificação disponíveis que se baseiam na medição de alguns dedos em vez da mão inteira. Esses dispositivos são menores que aqueles usados para geometria manual.

Grijpink (2001) descreve como é provável que um dispositivo geométrico da mão seja aceitável para o acesso a edifícios críticos para o funcionamento de uma organização, enquanto o controlo de acesso através de uma impressão digital biométrica a uma escola secundária pode ser mais difícil de justificar. Sanchez- Reillo et al. (2000) em seu trabalho concluem que em ambas as abordagens o Modelo de Mistura Gaussiana (GMM) teve melhor desempenho com 97% de sucesso para classificação e taxa de erro inferior a 10% para verificação. Reduzir os vetores de recursos para nove recursos leva a uma grande perda na taxa de sucesso. O tamanho da base de dados utilizada é limitado e os autores concluíram com uma observação sobre a realização de trabalhos futuros utilizando uma base de dados maior com abordagens de implementação mais fáceis para generalizar os resultados obtidos. As áreas de aplicação incluem Aplicação em Estacionamento; Aplicativo Cofre de Dinheiro; Pedido de Dupla Custódia; Antirretorno; Tempo e Presença; Aplicativos de Ponto de Venda; Quiosques interativos. A Figura 2.2 mostra uma medição do traço geométrico da mão.

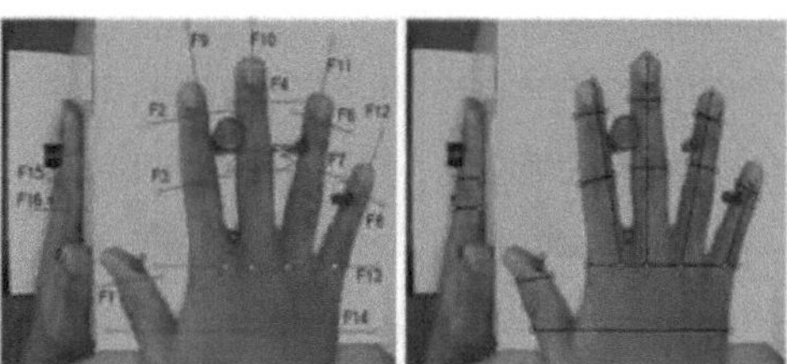

Figura 2.2: **Imagem da Geometria da Mão** (Jain *et* al., 1999)

ii. Assinatura

A assinatura manuscrita é uma biometria comportamental . Ele tem sido usado para verificar transações há séculos e é, portanto, um método bem estabelecido. Os sistemas automáticos de verificação de assinatura não examinam apenas a aparência da assinatura, mas também a dinâmica da escrita. Por exemplo, a força com que a caneta é pressionada contra a superfície durante as diferentes fases da assinatura, a rapidez com que as diferentes letras são escritas, quanto tempo (tempo) leva para escrever a assinatura inteira e como e quando algumas letras são cruzadas ou pontilhadas. Existem também vários comportamentos ; características biométricas que podem ser usadas para verificar a identidade de um usuário usando assinatura (Biosecure , 2007). Assinatura é a forma como um indivíduo assina seu nome, é um traço biométrico comportamental altamente aceitável. A Figura 2.3 é uma imagem de assinatura; evolui com o tempo e depende das condições físicas e mentais. Pode ser facilmente forjado. Modelar a invariância e automatizar o processo de reconhecimento de assinatura é um desafio.

Figura 2.3: **Imagem da Assinatura**

iii. Tecla

A hipótese é que cada pessoa digita no teclado de uma maneira característica. Não se espera que esta biometria comportamental seja exclusiva para cada indivíduo, mas oferece informações discriminatórias suficientes para permitir a autenticação de identidade (Jain et al, 2004). A dinâmica de pressionamento de tecla é uma biometria comportamental ; para alguns indivíduos, pode-se esperar observar grandes variações nos padrões típicos de digitação. Além disso, as teclas digitadas por uma pessoa que utiliza um sistema podem ser monitoradas discretamente à medida que essa pessoa digita informações.
A dinâmica de pressionamento de tecla foi reconhecida pela primeira vez como um identificador biométrico durante a Segunda Guerra Mundial. Os operadores telegráficos aliados podiam identificar outros operadores, amigos e inimigos, através de um ritmo de digitação denominado "O Primeiro do Remetente". Mesmo sem decodificar mensagens, isso permitiu que o movimento das tropas alemãs fosse monitorado, porque os operadores telegráficos alemães geralmente estavam vinculados a uma unidade de combate específica. A dinâmica moderna de pressionamento de tecla usa a diferença de tempo entre o pressionamento de tecla e procura idiossincrasias no uso das teclas (por exemplo, por quanto tempo o digitador mantém pressionada a tecla Shift ou usa as teclas de controle). Os sistemas dinâmicos comerciais de pressionamento de tecla estavam disponíveis no início dos anos 2000, mas não foram amplamente adotados porque carecem de precisão e exigem longos tempos de treinamento. No entanto, recentemente foram propostos sistemas mais sofisticados que reivindicam melhor desempenho (Thompson, 2014).

iv. Pegada

A identificação da pegada é a medição das características da pegada para reconhecer a identidade do usuário. A pegada é universal, fácil de capturar e não muda muito ao longo do tempo. Alguns trabalhos iniciais sobre pegadas foram realizados na Índia (Puri , 1966), enquanto na América do Norte, estudos sobre a individualidade das pegadas foram realizados na década de 1970 (Robbins, 1978). O FBI coletou amostras de voluntários na década de 1980 (Lovejoy, 1984; Bodziak e Monson , 1987).

Kumar e Ramakrishnan (2010) capturaram a imagem da pegada da perna esquerda de centenas de pessoas em diferentes ângulos. Nenhuma iluminação especial é usada nesta configuração. A imagem do pé é posicionada e recortada de acordo com os pontos-chave. A transformação Haar modificada sequencialmente é aplicada à imagem da pegada redimensionada para obter o recurso Modified Haar Energy (MHE). A wavelet Haar modificada sequencialmente pode mapear sinais com valor inteiro em sinais com valor inteiro, abandonando a propriedade de reconstrução perfeita. O recurso MHE é comparado com os vetores de recursos armazenados no banco de dados usando a Distância Euclidiana. Métodos práticos para identificação automatizada baseada em biometria ainda não foram desenvolvidos para uso com indivíduos sem restrições. É difícil obter uma elevada taxa de reconhecimento através da verificação direta de pegadas brutas, porque as pessoas ficam em várias posições com diferentes distâncias e ângulos entre os dois pés (Kumar e Dubey, 2012). A Figura 2.4 mostra imagens de pegadas à esquerda e à direita, juntamente com coordenadas para fazer medições precisas.

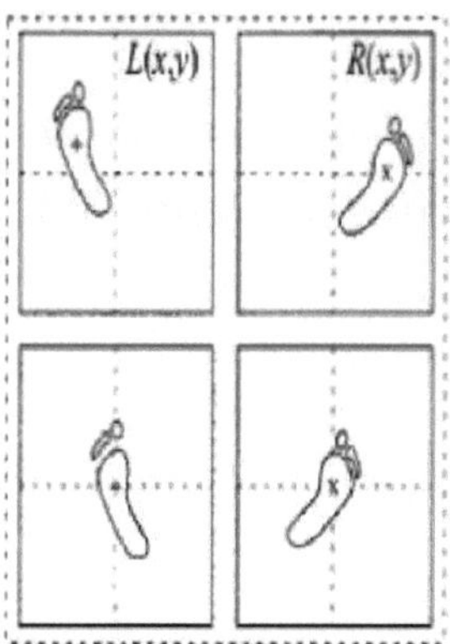

Figura 2.4: **Imagens de pegadas (** Kumar e Dubey, 2012 **)**

v. Impressão digital

Os humanos usam impressões digitais para identificação pessoal há muito tempo (Lee e Gaensslen , 1991). As técnicas modernas de correspondência de impressões digitais foram iniciadas no século XVI . A primeira sugestão científica sobre a individualidade e singularidade da impressão digital foi feita por Henry Fauld , em 1880. Ao mesmo tempo, Herschel afirmou que praticava a identificação de impressões digitais há vinte anos. Esta descoberta estabeleceu a base da moderna identificação de impressões digitais. No final do século XIX , Sir Francis Galton conduziu um extenso estudo sobre impressões digitais (Lee e Gaensslen , 1991). Ele introduziu os recursos minuciosos para classificação única em 1988. A descoberta da singularidade das impressões digitais causou um declínio imediato no uso predominante de métodos antropométricos de identificação e levou à adoção de impressões digitais como um método de identificação mais eficiente (Rhodes, 1956). Um importante avanço na identificação de impressões digitais foi feito em 1899 por Edward Henry, que estabeleceu o famoso "Sistema Henry" de classificação de impressões digitais (Lee e Gaensslen , 1991); um método elaborado de indexação de impressões digitais, muito sintonizado para facilitar ao especialista humano a identificação (manual) de impressões digitais. No início do século XX , a identificação de impressões digitais foi formalmente aceite como um método válido de identificação pessoal pelas agências responsáveis pela aplicação da lei em todo o mundo e foram estabelecidas bases de dados de impressões digitais criminais (Lee e Gaensslen , 1991). Com o advento da impressão digital ao vivo e a disponibilidade de sensores de impressão digital baratos, as impressões digitais foram cada vez mais utilizadas em aplicações governamentais e comerciais para identificação positiva de pessoas.

Tabela 2.1: **Linha do tempo condensada do histórico de impressões digitais (livro fonte de impressões digitais)**

Ano	Eventos
1892	Galton desenvolve um sistema de classificação para impressões digitais.

1896	Henry desenvolve um sistema de classificação de impressões digitais.
1903	A prisão do estado de Nova York começa a usar impressões digitais.
1903	Sistema Bertillon entra em colapso
1963	Publicação de artigos de pesquisa da Hughes sobre automação de impressões digitais.
1969	O FBI pressiona para tornar o reconhecimento de impressões digitais um processo automatizado.
1975	O FBI financia o desenvolvimento de sensores e tecnologia de extração de minúcias.
1986	O padrão de troca de dados de minúcias de impressões digitais foi publicado.
1994	É realizada a competição do Sistema Integrado de Identificação de Impressão Digital de Automação (IAFIS).
1999	O principal componente do IAFIS do FBI torna-se operacional.

A Tabela 2.1 destaca o cronograma histórico do desenvolvimento da tecnologia de impressão digital, mas ela escapou à África e, mais importante ainda, à Nigéria, embora em vários momentos a biometria individual tenha sido capturada em papel ou eletronicamente, mas não tenha sido usada, só recentemente a Nigéria começou a adotar o uso de várias tecnologias biométricas, a Tabela 2.2 mostra um breve histórico do uso de impressões digitais na Nigéria.

Tabela 2.2: **Algum cronograma da história das impressões digitais na Nigéria.**

Ano	Eventos
2007	O e-Passport foi lançado na Nigéria.
2012	INEC aprova Cartão de Eleitor Permanente.
2015	INEC realiza eleição utilizando máquina leitora de cartões
2015	CBN inicia número de verificação bancária (BVN).

A Nigéria pode ser nova nas tecnologias biométricas, mas não há como negar o imenso benefício destas tecnologias recentemente adoptadas em termos de

segurança e prevenção de fraudes em todos os aspectos do terreno socioeconômico da nação.

2.3 Tecnologias biométricas sem contato

Uma tecnologia biométrica sem contato opera de forma que não haja impacto entre os usuários e os dispositivos biométricos. Eles incluem:

i. Reconhecimento facial

O reconhecimento facial é uma das tecnologias biométricas que utiliza a imagem ou algumas das imagens de uma câmera ou fotografia para reconhecer ou identificar uma pessoa. Não requer cooperação individual (de natureza encoberta), ou seja, é passiva. É completamente alheio às diferenças na aparência como resultado de diferenças de raça ou gênero e é uma biometria altamente robusta (Lawrence et al, 2007). Porém, com o tempo o rosto muda consideravelmente e até mesmo devido à maquiagem e às expressões faciais de um indivíduo. O sistema de reconhecimento facial é dividido em duas categorias principais. Sistema utilizado para verificar a identidade de uma pessoa em um ambiente conhecido a uma distância bastante constante e sistemas que tentam identificar uma pessoa de um grupo de pessoas em ambiente dinâmico e a uma distância aleatória. O rosto é uma das biometrias mais aceitáveis. Existem duas abordagens de identificação em biometria facial que são: transformação (valor próprio, análise de matriz de covariância, vetores de base ortogonais) e abordagem baseada em atributos (características geométricas), conforme mostrado na figura 2.5. Os fatores que influenciam o reconhecimento na biometria facial são: (i) condição de iluminação; (ii) variação de pose; (iii) expressão facial; (iv) disfarce facial.

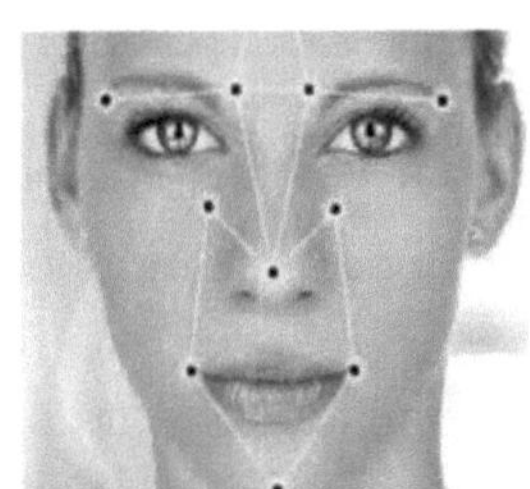

Figura 2.5: **Imagens de reconhecimento facial** (Lawrence et al, 2007)

ii. Reconhecimento de Íris

O reconhecimento da íris ganhou destaque pela primeira vez na revista National Geographic quando foi usado para identificar uma menina afegã que apareceu na capa de uma de suas edições (Braun, 2003). Shabat Gula , fugindo da guerra no Afeganistão, foi fotografada em 1985 num campo de refugiados no Paquistão pelo fotógrafo Steve McCurry. Devido aos seus olhos verde-mar, ela apareceu na capa da edição de junho de 1985, e sua foto tornou-se um símbolo do conflito afegão e da resultante situação de refugiados. Em janeiro de 2002, a National Geographic enviou uma equipe para procurá-la novamente. Surpreendentemente, a análise das características da íris usada pelo Federal Bureau of Intelligence (FBI) permite-lhes identificar com sucesso a menina a partir de uma única fotografia tirada há 17 anos. A tecnologia de reconhecimento de íris vem ganhando cada vez mais atenção e tem havido diversas implantações em larga escala. Uma implantação significativa em grande escala ocorreu nos Emirados Árabes Unidos. Desde 2001, o ministro do Interior dos Emirados Árabes Unidos (EAU) utiliza o reconhecimento da íris para rastrear estrangeiros que entram nos EAU em 17 portos aéreos, terrestres e marítimos (Yung e Savvides , 2010). A íris mostrada na figura 2.6 é considerada confiável e precisa para o processo de autenticação quando comparada com outras características biométricas disponíveis hoje (Chirchi *e* outros, 2011).

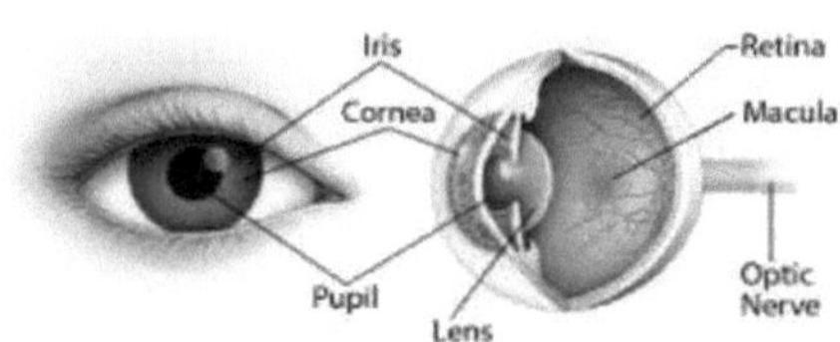

Figura 2.6: **Imagens de Íris** (Chirchi *e* outros, 2011)

iii. Retina

A retina é a camada de vasos sanguíneos na parte posterior do olho. A tecnologia biométrica baseada na varredura de retina é conhecida por seu baixo FAR (Taxa de Falsa Aceitação ou Falso Positivo) e, portanto, tem sido usada há anos em todas as instalações de alta segurança . Mas requer uma cooperação considerável do sujeito, pois é inconveniente e intrusivo (Hill, 1999). O scanner de retina exige que o sujeito fique parado durante o processo de digitalização. A vasculatura da retina é rica em estrutura e deve ser uma característica de cada indivíduo e de cada olho. Afirma-se que é a biometria mais segura, uma vez que não é fácil alterar ou replicar a vasculatura da retina (Ross e Jain, 2003).

Durante as varreduras de retina, a imagem capturada exige que uma pessoa olhe pela ocular e foque em um ponto específico no campo visual para que uma parte predeterminada da vasculatura da retina possa ser visualizada. A aquisição da imagem envolve cooperação do sujeito; implica contato com a ocular e requer um esforço consciente por parte do usuário. Todos esses fatores afetam negativamente a aceitabilidade pública da biometria da retina. Várias instalações de autenticação de identidade baseadas em varredura de retina estão em operações que apresentam zero falsos positivos em todas as instalações até o momento. A vasculatura da retina pode revelar algumas condições médicas. Esses sistemas estavam operando com uma alta taxa de falsos negativos desconhecida, "Taxa de Rejeição Falsa" (RAYCO Security, 1997). Por exemplo, a hipertensão é outro fator que impede a aceitação pública da biometria baseada no exame de retina.

iv. Reconhecimento de voz

A voz é uma combinação de biometria fisiológica e comportamental . As características da voz de um indivíduo baseiam-se na forma e no tamanho dos apêndices (por exemplo, tratos vocais, boca, cavidades nasais e lábios) usados na síntese do som. Estas características fisiológicas da fala humana são invariantes para um indivíduo, mas a parte comportamental da fala de uma pessoa muda ao longo do tempo devido à idade, condições médicas (como resfriado comum), estado emocional, etc. pode não ser apropriado para identificação em larga escala. Um sistema de reconhecimento de voz dependente de texto é baseado na emissão de uma frase fixa e predeterminada. Um sistema de reconhecimento de voz independente de texto reconhece o locutor independentemente do que ele fala. Um sistema independente de texto é mais difícil de conceber do que um sistema dependente de texto, mas oferece mais protecção contra fraudes. Uma desvantagem do reconhecimento baseado em voz é que os recursos de fala são sensíveis a vários fatores, como ruído de fundo. (Jain et al, 2004). A captura de voz é discreta e a impressão de voz é uma biometria aceitável em quase todas as sociedades. Algumas aplicações envolvem autenticação de identidade por telefone. Extrair características que permanecem invariantes em tais casos é muito difícil; além disso, algumas pessoas parecem ser extraordinariamente hábeis em imitar outras. Uma reprodução de uma voz gravada anteriormente pode ser usada para contornar um sistema de autenticação de voz na aplicação remota autônoma. Um dos métodos para combater esse problema é levar o sujeito (cuja identidade deve ser autenticada) a pronunciar uma frase diferente a cada vez (Thompson, 2014).

Figura 2.7: **Modalidade de Voz** (Paul, 2004)

Os sistemas de reconhecimento de voz funcionam analisando as formas de onda e os padrões de pressão atmosférica produzidos enquanto uma pessoa fala, conforme mostrado na figura 2.7. Esses sistemas podem usar as características biométricas de um indivíduo, mas não são confiáveis devido à má precisão. A voz pode ser imitada e também uma pessoa com resfriado ou problemas de garganta pode ter dificuldade em usar o sistema de reconhecimento de voz, pois pode ser rejeitado (Naik , 1990). Paul (2004) destaca alguns algoritmos utilizados para interpretação de voz. São frases fixas, vocabulário fixo e verificações de vocabulário flexíveis, entre outros.

v. Identificação do palestrante

A identificação do locutor tem atrativos devido à sua prevalência na comunicação humana. A telefonia é o principal alvo da identificação de locutores, uma vez que é um domínio com hardware existente onipresente onde nenhuma outra biometria pode ser usada. Aumentar a segurança para aplicações como serviços bancários telefónicos e 'm-commerce' significa que o potencial de implementação é muito grande. A segurança física e informática por ID de alto-falante recebeu alguma atenção, mas aqui é menos natural e tem desempenho inferior do que outros sistemas biométricos. O ID do alto-falante é necessário para indexação de áudio e vídeo. Onde um sinal de vídeo está disponível, a identificação do movimento labial também tem sido usada. A identificação do orador sofre consideravelmente com quaisquer variações no microfone e no canal de transmissão, e o desempenho se deteriora gravemente quando as condições de registro e uso são incompatíveis, como acontece inevitavelmente quando um servidor central realiza a identificação do orador em sinais telefônicos. O ruído de fundo também pode ser um problema considerável em algumas circunstâncias, e a variação na voz devido a doenças, emoções ou envelhecimento são outros problemas que receberam pouco estudo.

A verificação do alto-falante é particularmente vulnerável a ataques de repetição devido à onipresença de dispositivos de gravação e reprodução de som. Nalini e Bolle (2006) categorizam os sistemas de identificação de locutores dependendo da liberdade do que é falado; esta taxonomia baseada em tarefas cada vez mais complexas também corresponde à sofisticação dos algoritmos utilizados e ao progresso da arte ao longo do tempo.

a) Texto Fixo: O locutor diz uma palavra ou frase pré-determinada que foi gravada no momento da inscrição. A palavra pode ser secreta, portanto funciona como uma senha, mas uma vez registrada, um ataque de repetição é fácil e é necessário um novo registro para alterar a senha.
b) Dependente de texto: O locutor é solicitado pelo sistema a dizer algo específico. A máquina alinha o enunciado com o texto conhecido para determinar o usuário. Para isso, a inscrição costuma ser mais demorada, mas o texto solicitado pode ser alterado à vontade. Sistemas limitados são vulneráveis a ataques de repetição baseados em splicing.
c) Independente de texto: O sistema de identificação do locutor processa qualquer expressão do locutor. Aqui o discurso pode ser orientado para a tarefa, por isso é difícil adquirir um discurso que também cumpra o objetivo do impostor. O monitoramento pode ser contínuo quanto mais for dito maior será a confiança do sistema na identidade do usuário. O advento do treinamento de síntese de fala pode permitir um ataque a essa abordagem. Esse sistema pode até identificar uma pessoa quando ela muda de idioma.

vi. Maneira de andar

Segundo Jain et al, (2002), Marcha é a forma peculiar de caminhar e é uma biometria espaço -temporal complexa. A marcha não deve ser muito distinta, mas é suficientemente discriminatória para permitir a verificação em algumas aplicações de baixa segurança. A marcha é uma biometria comportamental e pode não permanecer invariável, especialmente durante um longo período de tempo, devido a flutuações no peso corporal, lesões graves envolvendo articulações ou cérebro, ou devido à embriaguez. A aquisição da marcha é semelhante à aquisição de uma imagem facial e, portanto, pode ser uma biometria aceitável. Como os sistemas baseados na marcha usam imagens de sequência de vídeo de uma pessoa andando para medir vários movimentos diferentes de cada articulação articular, isso exige muita entrada e é computacionalmente caro.

a) Sistema de reconhecimento de marcha baseado em VM

No reconhecimento de marcha baseado em VM, a marcha é capturada à distância por meio de uma câmera de vídeo. Eles são empregados para extrair características da marcha para fins de reconhecimento. Abdelkader et al (2002), usaram passada e cadência para identificação e verificação de pessoas. Johnson e Bobick (2001) extraíram parâmetros corporais estáticos, como a altura, a distância entre a cabeça e a pelve, a distância máxima entre a pelve e os pés e a distância entre os pés, e os utilizaram para reconhecimento. A maioria dos algoritmos de reconhecimento de marcha baseados em VM são baseados na silhueta humana (Chai et al, 2006).

b) Sistema de reconhecimento baseado em FS

Na abordagem baseada em FS, um conjunto de sensores ou plataformas de força é instalado no chão (Orr e Abowd , 2000; Suutala e Roning , 2004). Esses sensores permitem a medição de características relacionadas à marcha, quando uma pessoa caminha sobre eles. Orr e Abowd (2000) coletaram perfis de 1.680 passos de 15 indivíduos. Usando este conjunto de dados, eles alcançaram uma taxa corrigida de 93%. Suutala e Roning (2004) investigam 31 características diferentes (por exemplo, valor máximo do tempo do impacto do calcanhar, valor máximo da amplitude do impacto do calcanhar e assim por diante) para reconhecimento. Ao utilizar 200 passos para 11 pessoas, obtiveram 70,2% de reconhecimento. Middleton et al. (2005) usaram três características, comprimento da passada, cadência da passada e relação tempo na ponta do pé em relação ao tempo no calcanhar para reconhecimento. Estas características revelaram-se suficientes para atingir uma taxa de reconhecimento de 80% com base em dados de 15 indivíduos.

c) Reconhecimento de marcha baseado em WS

No reconhecimento de marcha baseado em WS, a marcha é coletada usando sensores de gravação de movimento (MR) usados no corpo (Ailisto et al, 2005, Gafurov et al, 2007). Os sensores de RM podem ser usados em diferentes locais do corpo humano. A aceleração da marcha, registrada pelo sensor MR, é utilizada para autenticação. O primeiro reconhecimento de marcha baseado em WS foi descrito por Morris (2004). No entanto, o foco do trabalho foi principalmente nos aspectos clínicos do sistema. Ailisto et al (2005) propuseram o reconhecimento de marcha baseado em WS como uma autenticação biométrica; na abordagem, o sensor de RM foi fixado na cintura do sujeito. Usando a aceleração da cintura de 36 indivíduos, foi alcançado um EER de 6,4%. Um protótipo de tapete sensor de Middleton et al, (2005) o sensor de RM foi preso ao cinto dos sujeitos, ao redor do quadril direito. Usando o método do ciclo médio em um conjunto de dados de marcha de 22 indivíduos, foi alcançado o ERR de 16% (Gafurov , 2006).

2.4 Abordagens multibiométricas

Dependendo dos objetivos de design de um sistema biométrico multimodal e da conveniência dos usuários ; existem cinco abordagens principais para multibiometria, que são:

a) Vários sistemas de algoritmos,
b) Vários sistemas de sensores,
c) Sistemas de múltiplas amostras,
d) Sistemas Multimodais e
e) Sistemas Multi-Instâncias

2.4.1 Vários sistemas de algoritmos

Nestes sistemas, os mesmos dados biométricos são processados utilizando algoritmos diferentes. Por exemplo, como mostrado na Figura 2.8, onde um algoritmo baseado em textura e um algoritmo baseado em minúcias podem operar na mesma imagem de impressão digital para extrair diversos conjuntos de recursos que podem melhorar o desempenho do sistema (Ross e Jain, 2003). Não requer o uso de novo sensor e, portanto, é econômico. Além disso, os usuários não são obrigados a interagir com múltiplos sensores, aumentando assim a conveniência do usuário. No entanto, ele não precisa de um novo extrator de recursos ou módulo matcher, o que pode aumentar os requisitos computacionais do sistema.

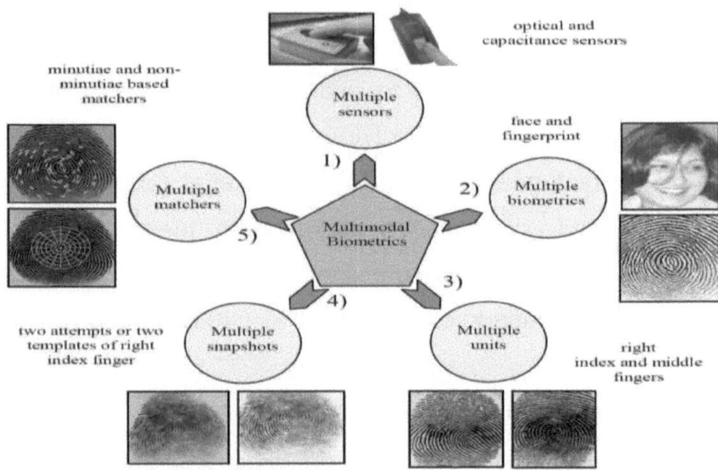

Figura 2.8: **Cenários em um Sistema Biométrico Multimodal** (Prabhakar e Jain, 2002).

2.4.2 Sistemas de Sensores Múltiplos

Nestes sistemas, um único traço biométrico é capturado usando múltiplos sensores para extrair diversas informações da imagem registrada. Conforme mostrado na Figura 2.8, onde um sensor óptico e um sensor capacitivo são usados na leitura de uma impressão digital. Também Chang et al (2005), desenvolveram um sistema que adquire tanto a textura bidimensional do rosto de uma pessoa usando uma câmera CCD quanto o formato tridimensional da superfície do rosto usando um sensor de alcance e combina no nível dos dados, bem como no nível de pontuação correspondente. a fim de melhorar o desempenho de um sistema de reconhecimento facial para autenticação. A introdução de um novo sensor para medir a variação da superfície facial aumenta o custo do sistema multibiométrico. No entanto, a disponibilidade de dados multissensor de uma única característica pode auxiliar nos procedimentos de segmentação e registro e também melhorar a precisão da correspondência.

2.4.3 Vários sistemas de amostras

Um único sensor pode ser usado para adquirir amostras da característica biométrica, a fim de levar em conta a variação que pode ocorrer na característica, ou para obter uma representação mais completa da característica subjacente, conforme mostrado na Figura 2.8, onde 'Múltiplos instantâneos' do índice correto dedo foi usado. Um sistema facial, por exemplo, pode capturar e armazenar o perfil frontal do rosto de uma pessoa juntamente com os perfis esquerdo e direito, a fim de levar em conta variações na pose do rosto. Da mesma forma, um sistema de impressão digital equipado com um sensor de tamanho pequeno pode adquirir impressão de múltiplas abas da impressão digital de um indivíduo, a fim de obter imagens de várias regiões da impressão digital.

2.4.4 Sistemas multi-características

Esses sistemas combinam o traço biométrico apresentado por diferentes partes do corpo para estabelecer a identidade. Alguns dos primeiros sistemas biométricos multimodais utilizavam recursos de rosto e voz para estabelecer a identidade de um indivíduo (Brunell e Falavigna , 1995). Espera-se que características fisicamente não correlacionadas (exemplo de impressão digital e íris) resultem em melhor melhoria no desempenho do que características correlacionadas (exemplo de voz e movimento dos lábios), também como mostrado na Figura 2.8 'Biometria múltipla' usando características faciais e de impressão digital. O custo de implantação destes sistemas é substancialmente maior devido à necessidade de novos sensores e, consequentemente, ao desenvolvimento de interfaces de usuário apropriadas. A precisão da identificação pode ser significativamente melhorada utilizando e aumentando o número de características, embora o fenômeno da "maldição da dimensionalidade" (um problema comum no nível de fusão) imponha um limite ao número de características.

2.4.5 Sistemas Multi-Instâncias

Esses sistemas usam múltiplas instâncias da mesma característica corporal. Por exemplo, os dedos indicadores esquerdo e direito ou as íris esquerda e direita de um indivíduo podem ser usados para verificar a identidade de um indivíduo, conforme mostrado na Figura 2.8. Tais sistemas não requerem a introdução de novos sensores nem implicam o desenvolvimento de novos algoritmos de extração e correspondência de características e são, portanto, eficientes em termos de custos. Contudo, em alguns casos, um novo arranjo de sensores pode ser necessário para facilitar a captura simultânea das diversas instâncias. Utilizadores benéficos cuja característica biométrica não pode ser capturada de forma fiável devido a problemas inerentes (uma característica de um único dedo pode não ser um discriminador suficiente para uma pessoa com pele seca), no entanto, a integração de provas através de vários dedos pode servir como um bom discriminador.

2.5 Fusão Biométrica Multimodal

A autenticação biométrica multimodal requer a fusão de informações (conjunto de recursos) de diferentes modalidades, como impressão digital, rosto, íris, marcha e assim por diante. A fusão pode ser alcançada de duas maneiras diferentes, que são: (i) fusão antes do emparelhamento e, (ii) fusão após o emparelhamento.

2.5.1 Fusão antes da correspondência

Antes da correspondência, a integração de informações para múltiplas fontes biométricas ocorre no nível do sensor ou no nível de extração de recursos.

i. Fusão de nível de sensor

Os dados brutos do(s) sensor(es) são combinados na fusão em nível de sensor. Neste nível, a fusão só pode ser realizada se as fontes forem as mesmas amostras da mesma característica biométrica obtidas de múltiplos sensores compactáveis ou múltiplas instâncias da mesma característica biométrica obtida usando um único sensor. Um exemplo é o mosaico da impressão de múltiplas impressões digitais para formar uma imagem de impressão digital mais completa. Múltiplas sugestões devem ser compactáveis e a correspondência entre os pontos nos dados brutos deve ser conhecida antecipadamente ou estimada de forma confiável. A quantidade de informação disponível para fusão diminui progressivamente após cada camada de processamento num sistema biométrico. Os dados brutos representam as fontes ricas de informação, enquanto a decisão final contém apenas uma única informação; entretanto, os dados brutos podem ser corrompidos por ruído (por exemplo, sujeira no sensor) e podem ter grande variabilidade intraclasse.

ii. Fusão de nível de recurso

A fusão em nível de recurso refere-se à combinação de diferentes conjuntos de recursos extraídos de várias fontes. Quando os conjuntos são homogêneos (por exemplo, múltiplas impressões digitais do dedo de um usuário), um único conjunto resultante pode ser calculado como uma média ponderada do conjunto de recursos individuais. Mas se os conjuntos não forem homogêneos (característica de modalidade diferente), eles podem ser concatenados para formar um único conjunto de características.

A concatenação não é possível quando o conjunto de recursos é incompatível, por exemplo, impressão digital e coeficiente de face própria (Ross e Jain, 2003). Quando os múltiplos conjuntos correspondem a amostras diferentes da mesma característica biométrica que são processadas usando o mesmo algoritmo de extração de características, então a fusão em nível de característica pode ser considerada como atualização ou melhoria do modelo.

A implementação da fusão no nível dos recursos pode ser difícil pelos seguintes motivos:

a) A relação entre os espaços de características de diferentes fontes biométricas pode não ser conhecida. Numa situação em que a relação é conhecida antecipadamente; necessidade adequada deve ser tomada para descartar aqueles recursos que são altamente correlacionados. Isso requer a aplicação de um algoritmo de extração de características antes da classificação.

b) O conjunto de recursos pode ser incompatível, por exemplo, as minúcias da impressão digital e do coeficiente de face própria não podem ser combinadas diretamente porque o primeiro é um conjunto de recursos de comprimento variável cujo valor individual representa o atributo de um ponto de minúcia e o último é um conjunto de recursos de comprimento fixo cujo valor são entidades escalares.

c) A concatenação de dois vetores de características resulta em um vetor de características com maior dimensionalidade, o que pode levar ao problema da "maldição da dimensionalidade" (Ross e Jain, 2003), onde a precisão da classificação realmente se degrada com a adição de novos recursos devido ao número limitado de treinamentos. amostras. Embora seja um problema bem conhecido na maioria das aplicações de reconhecimento de padrões, é mais grave em aplicações biométricas devido ao tempo, esforço e custo envolvidos na recolha de grandes quantidades de dados biométricos (de formação).

Devido às restrições listadas acima, a maioria das tentativas de fusão em nível de recurso teve sucesso limitado (Nandakumar , 2008).

2.5.2 Fusão após correspondência

As técnicas de integração de informações após o estágio de correspondência (classificação) podem ser divididas em três, que são: fusão no nível de pontuação de correspondência, em nível de classificação e em nível de decisão.

i. Fusão de nível de pontuação

A pontuação de correspondência é uma medida da semelhança entre os vetores de recursos biométricos de entrada e de modelo (conjunto de recursos já salvos). Quando a saída da pontuação de correspondência por diferentes correspondentes biométricos é consolidada para chegar a uma decisão final de reconhecimento, diz-se que a fusão é feita no nível da pontuação correspondente. Isso também é conhecido como fusão no nível de medição ou confiança. A correspondência individual pode não ser homogênea, por exemplo, uma correspondência pode gerar uma medida de distância ou dissimilaridade (uma distância menor indica uma correspondência melhor), enquanto outra pode gerar uma medida de similaridade (um valor maior indica uma correspondência melhor). Além disso, a saída dos matchers individuais não precisa estar na mesma escala numérica. Finalmente, as pontuações dos jogos podem seguir distribuições de probabilidade diferentes e podem ser correlacionadas; esses fatores tornam a fusão do nível de pontuação da partida um problema desafiador, mas ainda assim flexível. Em vez de combinar o vetor de características, ele é processado separadamente e a pontuação de correspondência individual é determinada, dependendo da precisão de cada canal biométrico (característica) e a fusão é feita no nível de pontuação de correspondência para encontrar a pontuação de correspondência combinada que será posteriormente usada para classificação (Noorjahaan e Mrinal , 2013).

ii. Fusão de nível de classificação

Isto é conseguido quando a saída de cada sistema biométrico é um subconjunto de possíveis correspondências (identidades) classificadas em ordem decrescente de confiança, então pode-se dizer que a fusão é feita no nível de classificação.

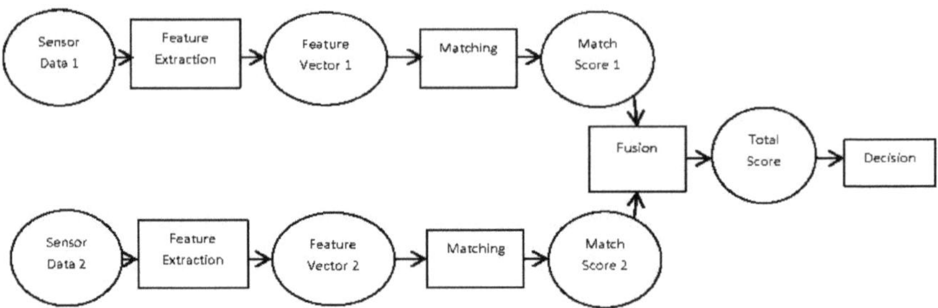

Figura 2.9: **Fusão no nível de pontuação correspondente (Fonte:** Sanjekar e Patil , 2013)

Isto é relevante num sistema de identificação onde uma classificação pode ser atribuída às principais identidades correspondentes. A fusão de nível de classificação é geralmente adotada para a identificação de uma pessoa, e não para verificação. Na verificação, a consulta é comparada apenas com um modelo no banco de dados; é necessário gerar uma classificação de identidades em ordem de classificação com todas as modalidades.

iii. Fusão de nível de decisão

Na fusão em nível de decisão, cada modalidade é primeiro pré-classificada de forma independente, por exemplo, cada característica biométrica é capturada e depois as características são extraídas da característica capturada, com base nessa extração essas características são classificadas como aceitas ou rejeitadas. A classificação final baseia-se na fusão dos resultados das diferentes modalidades (Sanjekar e Patil , 2013).

2.6 Revisão de Trabalhos Relacionados

A necessidade de conter problemas de gerenciamento de identidade que continuamente representam sérios desafios de segurança para diferentes organizações é mais urgente do que nunca. Para conter esses desafios, a ênfase está sendo transferida do que você sabe ou tem para o que você está levando ao uso crescente de impressão digital, voz da íris, imagem facial e outros dados biométricos físicos para verificação e identificação humana (Iwasokun *et* al., 2013). Entre estes, a impressão digital provou ser a mais confiável e confiável. Isto precipitou o surgimento de um bom número de Sistemas Automatizados de Identificação de Impressões Digitais (AFIS) com diferentes formas de algoritmos de correspondência. Um padrão de impressão digital baseado em características espaciais de pontos minuciosos foi implementado. As características espaciais foram definidas na vizinhança 11 x 11 do ponto central da impressão digital (independentemente da orientação, os pontos minuciosos nesta região não mudam para o tamanho específico da imagem) para determinar as pontuações correspondentes; que exibem o grau de proximidade para quaisquer duas imagens. O algoritmo proposto taxa de falsa não correspondência (FNMR), taxa de falsa correspondência (FMR) e os valores de tempo computacional comparados com alguns algoritmos recentemente formulados testados nos mesmos conjuntos de dados revelaram melhor desempenho. O autor comparou a pesquisa com outros algoritmos; e o tempo médio de correspondência é alto quando comparado ao resultado de outros. Atul et al (2014) implementaram uma identificação de impressão digital baseada em minúcias usando o conceito de número cruzado, a identificação de impressão digital nem sempre é possível para fornecer imagem de qualidade ociosa e também não é possível fornecer um conjunto de dados homogêneo. Existem três fases principais no algoritmo proposto. Primeira fase, aprimore a imagem da impressão digital de entrada pré- - processando-a. A imagem aprimorada da impressão digital é convertida em imagem binária diluída e, em seguida, as minúcias são extraídas usando o Crossing Number Concept (CN) na segunda fase. A terceira etapa compara a imagem da impressão digital de entrada (após pré-processamento e extração de minúcias) com a já cadastrada no banco de dados e decide se é compatível ou não. A identificação de impressão digital baseada em minúcias proposta mostra melhor desempenho na identificação da impressão digital; mas o tempo necessário para detecção e reconhecimento poderia ser reduzido consideravelmente através da implementação do mesmo sistema em hardware dedicado usando linguagem de baixo ou médio nível, como C e C++. Akinduyite et al (2013) desenvolveram um sistema de gerenciamento de atendimento baseado em impressões digitais. O sistema é necessário devido ao alto nível de falsificação de identidade nos locais de trabalho e à dificuldade de gerenciar a frequência dos alunos durante o período de aula. A gestão de assiduidade consiste em dois processos nomeadamente: inscrição e autenticação. Durante a inscrição, a impressão digital do usuário é capturada e suas características únicas extraídas e armazenadas em um banco de dados junto com a identidade do usuário como modelo para o sujeito. As características únicas chamadas pontos de minúcia foram extraídas usando o método Crossing Number (CN), que extrai as terminações e bifurcações das cristas da imagem do esqueleto, examinando a vizinhança local de cada pixel da crista usando uma janela 3 x 3. Durante a autenticação, a impressão digital do usuário é capturada novamente e a extraída é comparada com o modelo no banco de dados para determinar uma correspondência antes do atendimento ser feito. O sistema pode registrar o horário de entrada e saída de alunos e trabalhadores de uma maneira muito conveniente, usando suas impressões digitais para evitar falsificação de identidade e reduzir o nível de ausência. A limitação do sistema processado é que ele utiliza um único traço biométrico (Unimodal) e comparado a outros métodos não é robusto o suficiente.

De acordo com Thompson et al (2010) a biometria é uma nova tendência da tecnologia de segurança da informação na atual sociedade de redes de computadores. Determinar a autenticação de uma pessoa está se tornando fundamental em nossa sociedade da informação, amplamente interconectada. A maioria dos sistemas biométricos que estão atualmente em uso normalmente usam um único traço biométrico para estabelecer identidade, eles são conhecidos como sistemas biométricos unimodais. Existem algumas limitações com esses sistemas. Este último poderia ser resolvido de forma eficiente, utilizando biometria multimodal. É apresentado um algoritmo de verificação de face, impressão digital e ouvido baseado no esquema Classificador com fusão em nível de decisão. A fusão biométrica proposta de face, impressão digital e orelha está no nível de decisão, o que também limita o sistema devido ao fato de que a informação fundida não pode ser tão rica como quando é feita durante a extração de características e pontuação correspondente.

Harbi *e* outros. (2012) propuseram o uso de fusão de nível de recurso de múltiplas instâncias como um meio de melhorar o desempenho da verificação de Finger Knuckle Print (FKP). Um filtro log -Gabor foi usado para extrair as informações de orientação local da imagem e representar os recursos FKP. O pesquisador realizou um experimento utilizando o banco de dados FKP, que é composto por 7.920 imagens. Os resultados indicam que a abordagem de verificação de múltiplas instâncias supera o desempenho superior do que usar qualquer instância única. A influência no desempenho biométrico usando fusão em nível de recurso sob diferentes regras de fusão foi demonstrada na pesquisa.

Os sistemas biométricos unimodais enfrentam uma variedade de problemas, como dados ruidosos, variações intraclasse, graus de liberdade restritos, não universalidade, ataques de falsificação e taxas de erro inaceitáveis. Algumas destas limitações podem ser abordadas através da implantação de sistemas biométricos multimodais que integrem as evidências apresentadas por múltiplas fontes de informação (Ross e Jain, 2004). Foi feita uma revisão detalhada da biometria multimodal; (Ross e Jain, 2004; Muskaan e Tarun , 2015) a estratégia adotada para integração depende do nível em que a fusão é realizada. A fusão no nível de recursos pode ser realizada concatenando dois conjuntos de recursos compatíveis. Técnicas de seleção/redução de recursos podem ser empregadas para lidar com o problema da maldição da dimensionalidade. Imran *et* al. (2010) apresentam uma análise comparativa entre abordagens multialgorítmicas e multimodais. Foram usadas características biométricas de impressão palmar e facial, e outros algoritmos de subespaço populares (PCA, FLD e ICA). Posteriormente, as diferentes combinações de algoritmos também são avaliadas em seus experimentos. A abordagem multialgorítmica alcança resultados incrementais, enquanto a abordagem multimodal produz resultados muito melhores. Conseqüentemente, as informações complementares disponíveis através da abordagem multimodal sempre apresentam melhor desempenho do que a abordagem multialgorítmica, que se baseia principalmente em informações suplementares. Estudos provisórios destacam que o esquema biométrico unimodal tinha muitas desvantagens em relação ao desempenho e à correção. De acordo com Imran *et* al. (2010) os sistemas biométricos multimodais têm melhor desempenho em comparação com os sistemas biométricos unimodais. Patil (2014) realizou experimentos e examinou a precisão e a implementação de sistemas de autenticação biométrica multimodal usando produtos comerciais prontos para uso (COTS) de última geração; usando impressão digital e também biometria facial com multimodal produzindo o melhor desempenho em comparação com unimodal.

De acordo com Jain et al (2005) os sistemas biométricos multimodais consolidam as evidências apresentadas por múltiplas fontes biométricas e normalmente proporcionam melhor desempenho de reconhecimento em comparação com sistemas baseados em uma única modalidade biométrica. Embora a fusão de informações em um sistema multimodal possa ser realizada em vários níveis, a integração no nível da pontuação correspondente é a abordagem mais comum devido à facilidade de acesso e combinação das pontuações geradas pelos diferentes matchers. Como as pontuações correspondentes produzidas pelas diversas modalidades são heterogêneas, a normalização das pontuações é necessária para transformar essas pontuações em um domínio comum, antes de combiná-las. Um estudo do desempenho de diferentes técnicas de normalização e regras de fusão no contexto de um sistema biométrico multimodal baseado nas características da face, impressão digital e geometria da mão de um usuário. Experimentos conduzidos em um banco de dados de 100 usuários indicam que a aplicação dos esquemas de normalização min-max, *z* -score e tanh seguidos por um método de fusão de soma simples de pontuações resulta em melhor desempenho de reconhecimento em comparação com outros métodos. No entanto, os experimentos também revelam que as técnicas de normalização min-max e *z* -score são sensíveis a valores discrepantes nos dados, destacando a necessidade de um procedimento de normalização robusto e eficiente como a normalização tanh . Observou-se também que os sistemas multimodais que utilizam pesos específicos do usuário apresentam melhor desempenho em comparação com sistemas que atribuem o mesmo conjunto de pesos às múltiplas características biométricas de todos os usuários (Jain *et* al., 2005).

Capítulo 3

PROJETO DE SISTEMA

Este capítulo fornece uma visão geral detalhada da arquitetura do sistema, extração de recursos, algoritmo de correspondência e técnica de fusão em relação ao sistema proposto. Também flexibilidade do sistema para fornecer uma das várias biometrias possíveis; no caso de perda de alguma impressão digital devido a acidente ou trabalho manual prolongado e assim por diante, também é discutido.

3.1 Projeto de um sistema biométrico de autenticação

De acordo com a Teoria da Informação (Adler *et* al., 2005), a informação biométrica é explicada como a diminuição da incerteza sobre a identidade de uma pessoa devido a um conjunto de medidas biométricas. Para interpretar esta definição foram referidos dois instantes:

a) antes de uma medição biométrica, t_0, momento em que apenas uma pessoa conhecida p faz parte de uma população q, que pode ser o planeta inteiro; e
b) após receber um conjunto de medições, $t_\pm$, foram reveladas mais informações e menos incerteza sobre a identidade de uma pessoa.

Matematicamente,

$$se\ p\ _L eq;i = 1,2,3,... \quad de\ outra\ forma \tag{3.1}$$

Onde ( ) é a informação biométrica em determinado momento; é a biométrica
medição; é a população ou o domínio no qual a medição está sendo feita.

O design utiliza múltiplas entradas (duas) de impressão digital e, após a correspondência, as pontuações das correspondências são fundidas com uma técnica de fusão; com base na regra de soma ponderada para combinação de pontuação de correspondência fornecida pelas múltiplas instâncias biométricas. Pode ser aplicado para autenticação ou concessão de acesso a um indivíduo. Dados biométricos adquiridos de um indivíduo e comparados com aqueles (todos) já armazenados num modelo de base de dados; isto é, correspondência 1:n, sendo n o tamanho do banco de dados. O objetivo de identificar quais dados biométricos foram capturados e de acordo com Van de Broek *e* outros. (2013), a autenticação pode ser ilustrada pela equação 3.2

$$,\_ = (/ ,, \quad se_{maXn} \{ D\ a,,\ UXT \qquad (3\ 2)$$

$$\{ Eu_{x}\ caso\ contrário \qquad ''$$

Onde estão os dados biométricos de uma pessoa não identificada, é a amostra do banco de dados, é uma métrica de distância e é um limite, observe, da equação (3.2) $I_x = I_x$ se o indivíduo permanecer não identificado após o banco de dados ter sido sondado. Em um cenário de verificação de pessoa, será aplicada a correspondência 1:1, fazendo com que o banco de dados da equação (3.2) contenha um único perfil. Portanto, $^{ma}x\{D(I_x, I_n')\} < T$

(3.3)

Ainda é válido, mas pode ser reduzido ainda mais para $D(I_x, I_n) < T$ (3.4)

A Figura 3.1 mostra a arquitetura do sistema, que é composta pelos seguintes

1. Módulo de Inscrição
2. Banco de dados do sistema
3. Módulo de autenticação

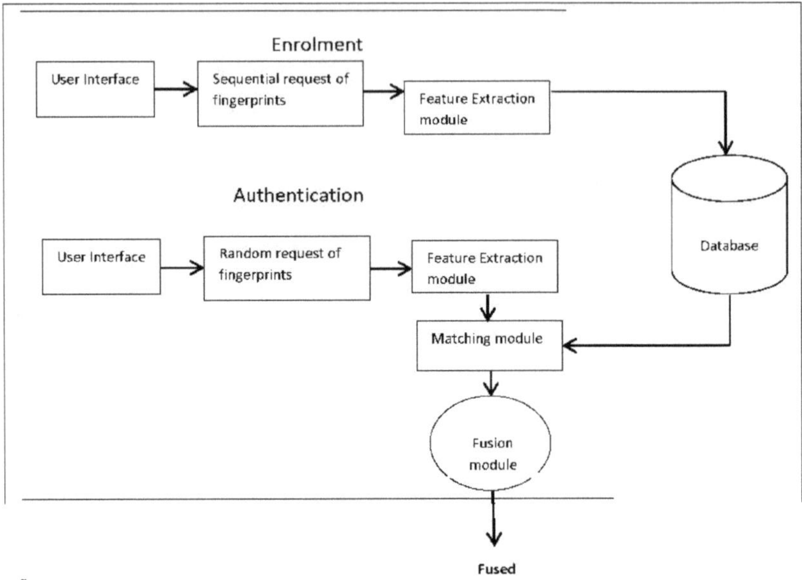

Figura 3.1: **Arquitetura do Sistema de Autenticação de Impressão Digital Multi-Instâncias**

3.2 Módulo de Inscrição

A tarefa deste módulo é registrar os usuários e suas impressões digitais no banco de dados do sistema. Durante a inscrição, todas as impressões digitais de cada indivíduo são lidas sequencialmente (capturadas) e o conceito de número de cruzamento (CN) é então usado para extrair características únicas de impressões digitais individuais. As minúcias são extraídas escaneando a vizinhança local de cada pixel da crista na imagem usando uma janela 3 x 3 como mostrado na Figura 3.2; O valor do número de cruzamento é calculado como metade da soma da diferença entre pares de pixels adjacentes na vizinhança de oito . De acordo com Rutovitz (1966) o CN para um pixel de crista P é dado por:

$$NC =- {}_{2}! * = JP_{i} - P_{t} - \mathrm{J}, \qquad (3,5)$$

Onde P_j é o valor do pixel na vizinhança de P com P_f = (0 ou 1) e $P_9 = P_1$. Para um valor de pixel P, seus oito pixels vizinhos são varridos no sentido anti-horário como segue:

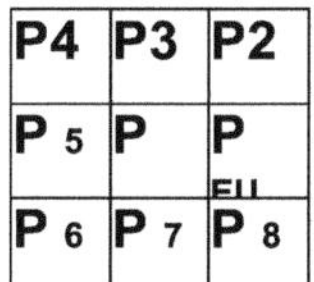

P4	P3	P2
P 5	P	P
P 6	P 7	P 8

Figura **3.2: Janela 3X3 para busca de minúcias**

Características únicas são extraídas das impressões digitais e armazenadas em um banco de dados como modelo para sujeitos individuais, de modo a conceder acesso apenas a pessoas cadastradas.

3.3 Módulo de autenticação

O processo do módulo de autenticação consiste em validar a identidade da pessoa que pretende acessar o sistema. O indivíduo a ser autenticado coloca o dedo no leitor de impressão digital conforme solicitado pelo sistema e o acesso é concedido ou negado com base no modelo de banco de dados criado durante a inscrição. A impressão digital capturada passa pelo pré-processamento normal (aprimoramento, afinamento e assim por diante) e uma minúcia extraída é então comparada com a de indivíduos com identidade estabelecida no modelo de banco de dados. Outra parte vital deste módulo é o módulo correspondente; o algoritmo de correspondência de minúcias adotado como muitos outros, considera cada minúcia como um trio $m = \{x,y,6\}$ que indica as coordenadas de localização das (x,y) minúcias e o ângulo das minúcias 6

(Maltoni e Capelli , 2008). Se T e I representam o modelo e a impressão digital de entrada respectivamente, os conjuntos de minúcias do modelo serão dados

$$\begin{pmatrix} \alpha_k^T \\ \beta_k^T \\ \theta_k^T \end{pmatrix} = \begin{pmatrix} \sqrt{(row_k^T - row_{ref}^T)^2 - (col_k^T - col_{ref}^T)^2} \\ tan^{-1}\left(\dfrac{row_k^T - row_{ref}^T}{col_k^T - col_{ref}^T}\right) \\ \theta_k^T - \theta_{ref}^T \end{pmatrix} \quad (3.8)$$

como:

$T = \{T_{1л} T_2, . . . m_j]$ $m_t = \{x_t, y_t, 0$ J $t = l, 2, .. .m$ (3.6)

e os conjuntos de minúcias da impressão digital de entrada são dados como:

$Eu = \{ m_{eu}, m_2, .. . m_j]$ zu_f^x^O J

$i = l, 2,.. .m$ (3.7)

Uma minúcia in e uma minúcia in são consideradas correspondentes se sua distância espacial entre eles é menor que uma determinada tolerância e a diferença de direção entre eles é menor que uma tolerância angular θ_0 (Atul et al, 2014).

Durante o processo de correspondência, cada ponto de minúcia de entrada é comparado com o ponto de minúcia do modelo correspondente. Em cada caso, modelo e entrada minúcias são selecionadas como pontos de referência para seus respectivos conjuntos de dados. O pontos de referência são usados para converter os pontos de dados restantes em coordenadas polares. A equação (3.8) é usada para converter as minúcias do modelo dos índices de linha e coluna em coordenadas polares.

Para uma imagem de modelo,

= distância radial das k - ésimas minúcias.

= ângulo radial das k -ésimas minúcias.

θ_i = ângulo de orientação das k -ésimas minúcias.

, representa o índice de linha e coluna das k -ésimas minúcias

enquanto , são os índices de linha e coluna dos pontos de referência 62 atualmente sendo considerado. Da mesma forma, as minúcias de entrada são convertidas em coordenadas polares conforme mostrado na equação

$$\begin{pmatrix} \alpha^l_m \\ \beta^l_m \\ \theta^l_m \end{pmatrix} = \begin{pmatrix} \sqrt{(row^l_m - row^l_{ref})^2 - (col^l_m - col^l_{ref})^2} \\ tan^{-1}\left(\frac{row^l_m - row^l_{ref}}{col^l_m - col^l_{ref}}\right) + rotatevalues(k,m) \\ \theta^l_m - \theta^l_{ref} \end{pmatrix} \quad (3.9)$$

(3.9).

Onde para uma imagem de entrada,

= distância radial das m - ésimas minúcias.

= ângulo radial das m -ésimas minúcias.

= ângulo de orientação das m -ésimas minúcias.

rowfn , *col'* $_m$ representa o índice de linha e coluna das k -ésimas minúcias enquanto ro *w^f*, *col* $'_{ref}$ são o índice de linha e coluna dos pontos de referência atualmente sendo considerado e gira os valores ( ) representa a diferença entre os ângulos de orientação de e .

3.4 FUSÃO

A fusão é feita no nível de pontuação de correspondência para tornar o sistema mais flexível, cada módulo fornece uma pontuação de correspondência que indica a proximidade dos vetores de recursos extraídos durante o registro (armazenados no banco de dados) e aqueles obtidos durante a autenticação. Essas pontuações são então combinadas para gerar um único escalar ( ), que é então usado para tomar a decisão final com base em um limite. As pontuações de dois dedos são fundidas usando a regra da soma ponderada dada por:

$$FS = LFS*n + R\,FS * (1 -é) \quad (3.10)$$

Onde LFS é uma variável que contém confiança (%) obtida comparando conjuntos de minúcias de entrada de qualquer impressão digital esquerda solicitada aleatoriamente com seu modelo correspondente no banco de dados, também RFS é uma variável que mantém confiança correspondente (%) obtida comparando conjuntos de minúcias de entrada de qualquer impressão digital correta solicitada aleatoriamente ao seu modelo correspondente no banco de dados en é um número flutuante entre 0 e 1. Normalmente, a pontuação de correspondência de impressão digital obtida do processo de correspondência está na escala de 0 - 100% en com um valor padrão de 0,5 ; a pontuação máxima fundida não pode exceder 100%.

Supondo que LFS e RFS sejam obtidos em 100% cada, portanto;

$$FS = L\,FS * n + R\,FS * (1 - n)$$

$$= 100\,(0,5) + 100\,(0,5)$$

$$= 50 + 50 = 100\%$$

Além disso, definir n como 0 ou 1 faz com que o sistema mude de instância múltipla para instância única, por exemplo; Em n = 0

$$FS = LFS\,(0) + R\,FS * (1\text{-}0)$$

$$FS = R\,FS \tag{3.11}$$

Em n = 1

$$FS = LFS * (1) + R\,FS * (1\text{-}1)$$

$$FS = L\,FS \tag{3.12}$$

As equações (3.11) e (3.12) tornam o sistema flexível na mudança de um modo para outro.

3.5 BANCO DE DADOS

O banco de dados do sistema de autenticação baseado em impressão digital consiste em tabelas que armazenam registros, cada uma correspondendo a uma pessoa autorizada que tem acesso ao sistema. Cada registro contém os modelos minuciosos de todos os dedos, pois dois podem ser necessários para autenticação, conforme mostrado na Figura (3.3).

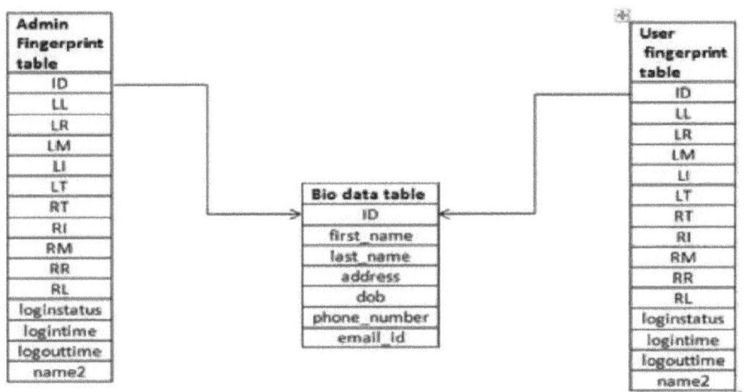

Figura 3.3: **Design de banco de dados para o sistema**

Os registros também contêm informações biográficas do indivíduo, que são vinculadas às respectivas impressões digitais para apurar sua identidade e conceder acesso apenas para identificar pessoas. O banco de dados projetado para o sistema implementa um modelo de dados relacional que é uma coleção de tabelas nas quais os dados são armazenados. O banco de dados foi implementado em banco de dados MySQL (sql server, 2008). O SQLServer é rápido e fácil, pode armazenar um registro muito grande e requer pouca configuração.

3.6 PROCESSO DE REGISTRO E AUTENTICAÇÃO DE USUÁRIOS

Um algoritmo pode ser explicado como um procedimento para resolver um problema em uma soma finita de tempo; o fluxograma é uma das várias formas. O fluxograma do sistema mostrado na Figura (3.4) fornece uma visão conceitual do login de administração e registro do usuário usando um símbolo predefinido.

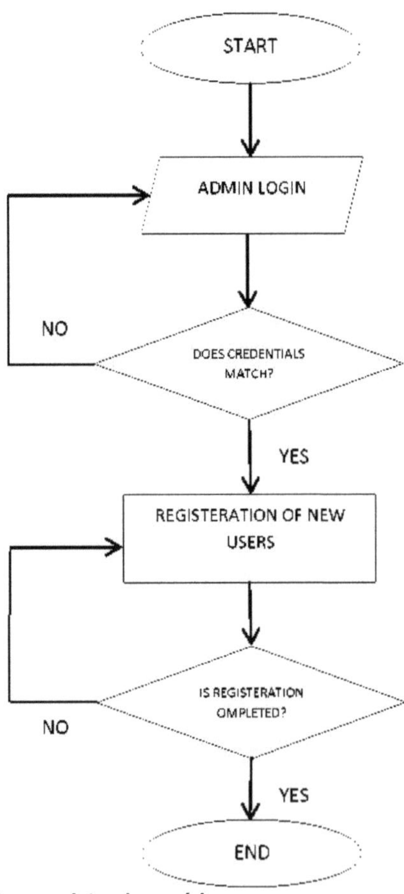

Figura 3.4: **Login de administrador e registro de usuário**

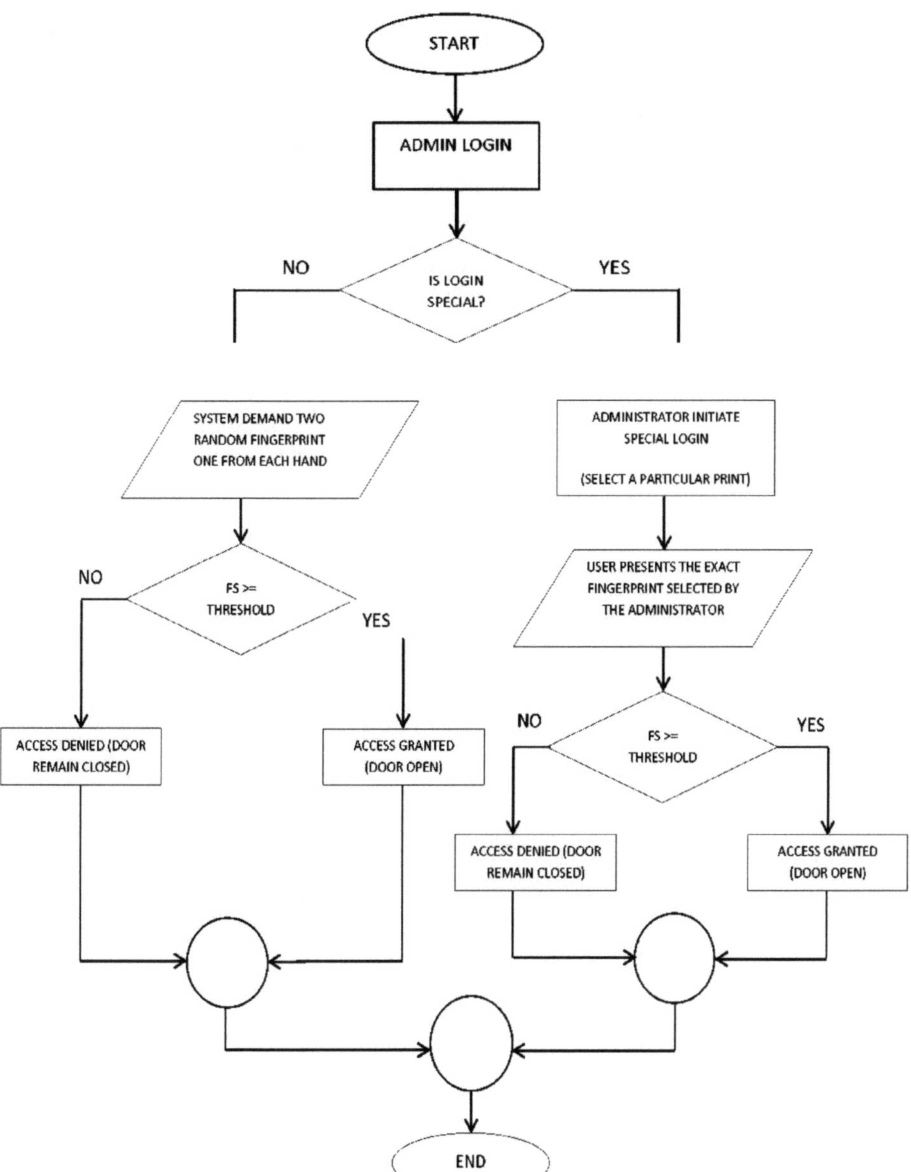

Figura 3.5: **Autenticação do usuário**

Uma análise detalhada do processo de autenticação é mostrada na figura (3.5), durante a implementação de requisito adicional para otimizar o benefício caso o sistema possa ser incluído.

Capítulo 4

IMPLEMENTAÇÃO DE SISTEMA

Este capítulo fornece detalhadamente os recursos básicos do sistema com relação às suas operações, por que a multiinstância e como essa multiinstância é diferente em comparação com as existentes. No que diz respeito às funcionalidades do software é muito importante que sejam simples de usar e apresentem alto desempenho em possivelmente todos os aspectos de sua funcionalidade, tendo em mente tanto o usuário quanto o desenvolvedor.

4.1 Interface de usuário

O sistema está equipado com interface amigável para interação adequada entre os usuários e o sistema. O administrador tem total privilégio para executar qualquer módulo, normal ou especial de acordo com seu critério e conveniência, e então o sistema funciona de forma independente em qualquer módulo e gera o limite individual para negar ou conceder acesso a impostores ou usuário genuíno respectivamente . A visão geral da interface gráfica do usuário (GUI) do sistema:

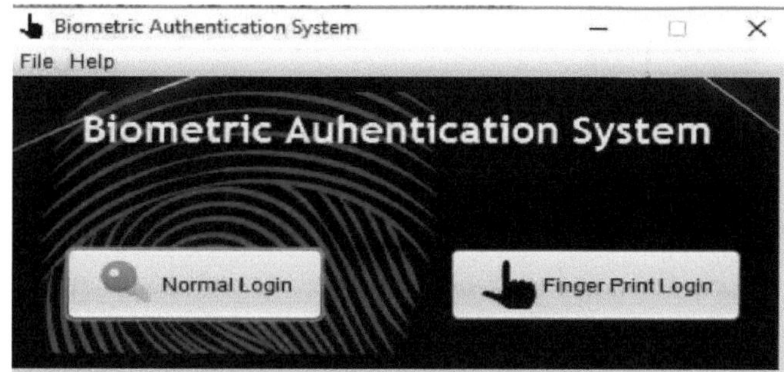

Figura 4.1: **Interface de login do administrador**

O administrador do sistema deve fazer login no sistema antes de qualquer usuário; a figura (4.1) mostra as opções de login disponíveis para administradores de sistema. Idealmente, cada usuário deve usar o login de impressão digital, mas em caso de mau funcionamento ou ausência do scanner, um recurso de tolerância a falhas é adicionado apenas ao login de administrador para supervisionar as operações do sistema de forma adequada.

O Login Normal que utiliza usuário e senha é mostrado na figura (4.1.1); ele é adicionado para ser uma porta traseira alternativa no sistema para o administrador.

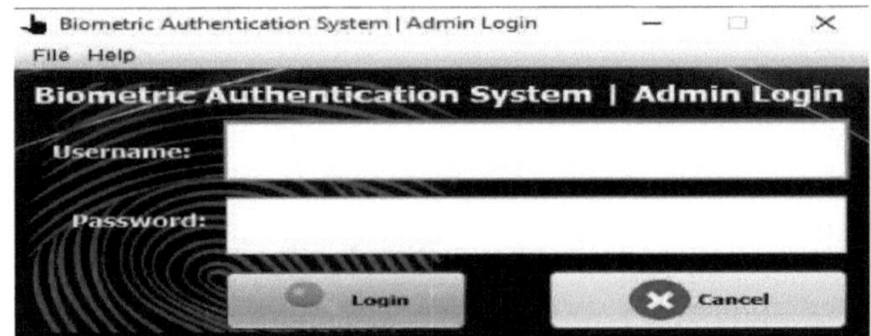

Figura 4.1.1: **Login normal**

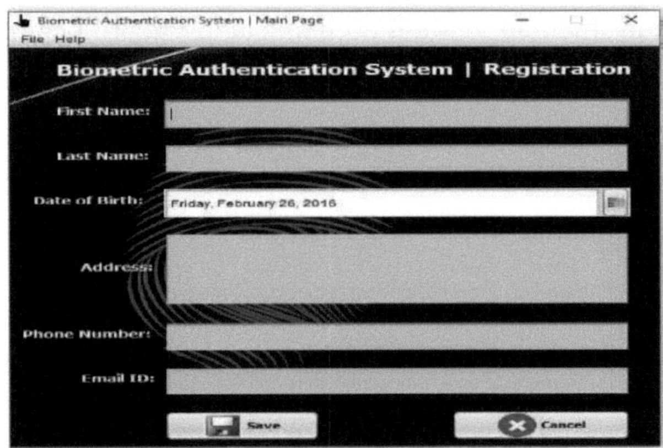

Figura 4.2: **Interface de registro de dados biológicos do usuário**

A nova interface de cadastro de usuários é mostrada na figura (4.2); este formulário é preenchido sob a supervisão do administrador do sistema. Com as informações adquiridas e armazenadas no banco de dados, os biodados do usuário serão posteriormente vinculados à sua impressão digital para apurar a identidade individual.

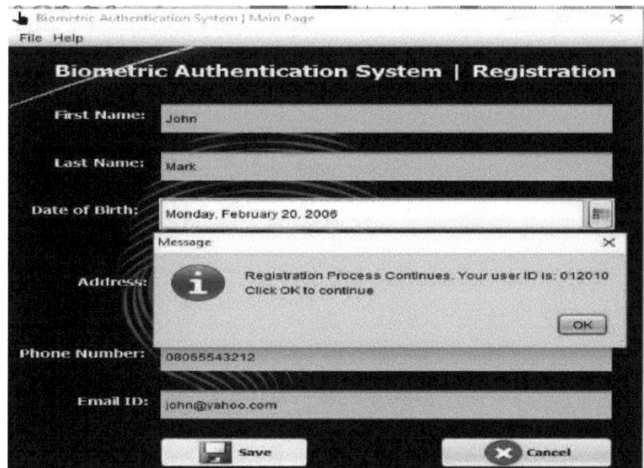

Figura 4.3: **Biodados salvos e ID do usuário gerado**

botão salvar, é gerado um ID de usuário aleatório de seis dígitos, que identifica exclusivamente um indivíduo no banco de dados biológicos, conforme mostrado na figura (4.3). Em seguida, um prompt aparece automaticamente na continuação do processo de registro, solicitando a impressão digital do usuário em uma ordem específica.

O pedido é muito rigoroso e importante, pois qualquer erro no cadastro da impressão digital resultará em falsa rejeição do usuário cadastrado. Por exemplo, se o sistema solicitou um polegar esquerdo e um direito for colocado no scanner e, durante a autenticação, outra solicitação aleatória for feita para o polegar esquerdo e direito, respectivamente, e o usuário colocar os dedos apropriadamente em relação à entrada durante o usuário cadastro.

O problema citado acima é resolvido de duas maneiras conforme mostrado na figura (4.4):

1. O sistema fornece uma interface adequada e amigável para o cadastro de impressões digitais, simulando a ordem de solicitação e exibindo a impressão digital adquirida com sucesso.
2. O administrador também ajuda a garantir que as impressões digitais

solicitadas aleatoriamente sejam fornecidas e colocadas de forma adequada.

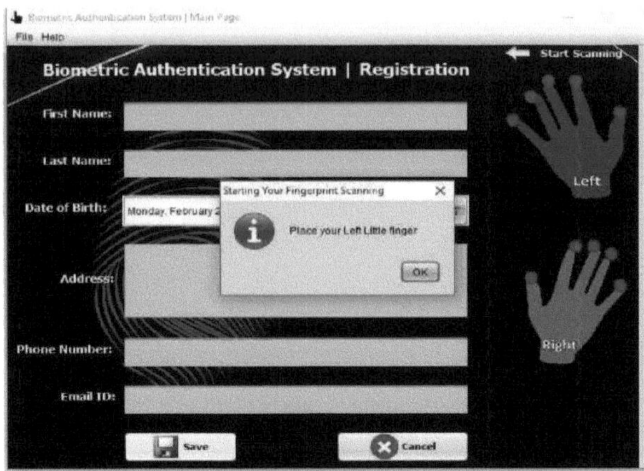

Figura 4.4: **Lendo impressão digital do scanner**

Uma simulação embarcada é integrada à interface conforme mostrado na figura (4.4), mostrando uma diferença clara entre uma impressão digital que está prestes a ser lida (com um ponto vermelho), e na figura (4.5), mostrando uma impressão digital que é lida (tendo uma espessura verde) e é feita a solicitação para capturar a próxima impressão digital.

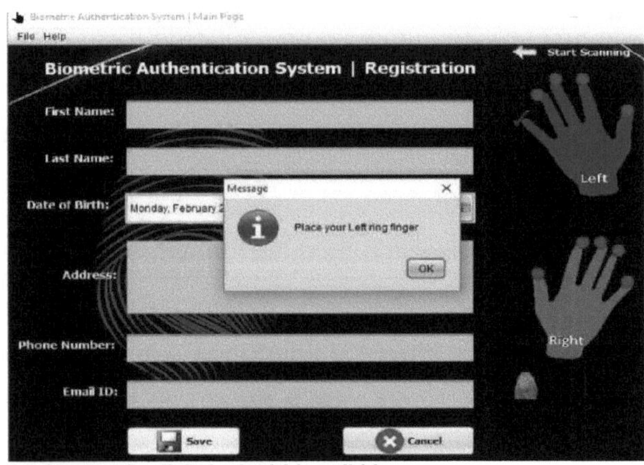

Figura 4.5: **Impressão digital adquirida exibida**

À medida que uma impressão digital é lida através do scanner, a solicitação do sistema para a leitura da próxima impressão digital, esse processo é repetido até que a última impressão digital seja lida e então salva automaticamente.

Figura 4.6: **Todas as impressões digitais são salvas automaticamente após a aquisição**

Imediatamente após a leitura da última impressão digital, o sistema salva automaticamente a impressão adquirida conforme mostrado na figura (4.6).

4.2 **Simulação para Abrir uma Porta**

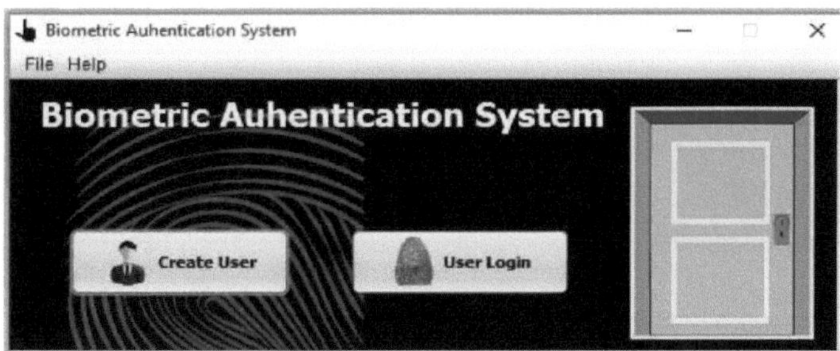

Figura 4.7: **Criação de Usuário/Login de Usuário**

O usuário, ao clicar no botão Login do Usuário, poderá se autenticar, seja ele genuíno (conceder acesso) ou um impostor (negar acesso) ao sistema conforme mostrado na figura (4.7). O usuário deve ser registrado pelo administrador no sistema antes que possa ser autenticado como genuíno e o acesso de entrada seja concedido.

4.2.1 Solicitação de Entrada

A solicitação de entrada é iniciada pelo usuário clicando em Login do usuário, e o sistema solicita que o usuário insira um requisito de entrada especificado, conforme mostrado na figura (4.8). Se um usuário solicitar o login no sistema, o sistema exigirá automaticamente e aleatoriamente uma impressão digital de ambas as mãos.

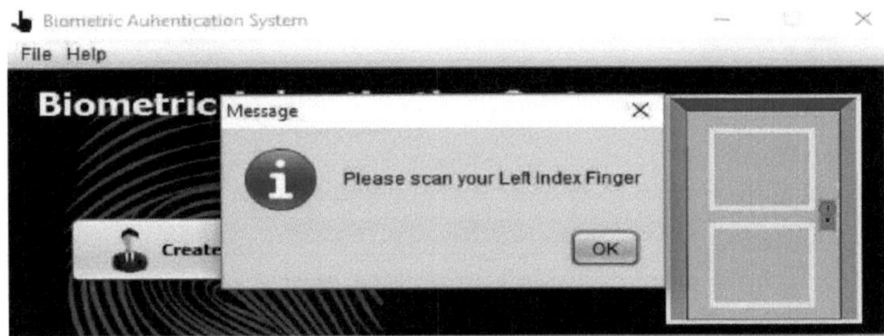

Figura 4.8: **Solicitação aleatória de impressão digital esquerda**

O Sistema solicita automaticamente uma impressão digital aleatória da mão esquerda, neste momento o índice esquerdo é necessário para fazer login, enquanto posteriormente ou mesmo para sair, qualquer um dos quatro restantes pode ser solicitado.

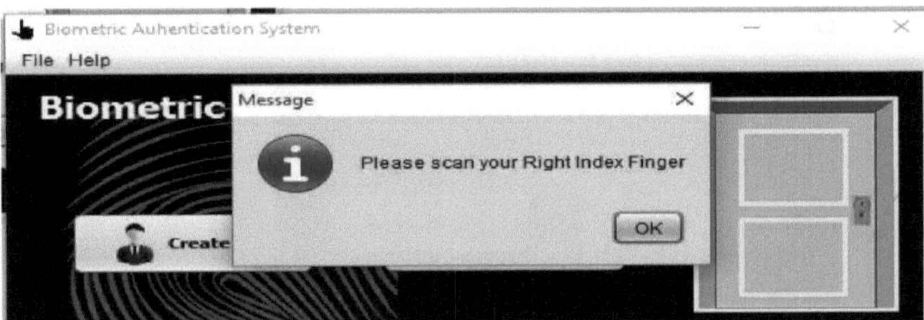

Figura 4.9: **Solicitação aleatória de impressão digital direita**

Na figura (4.9), ele exige aleatoriamente uma impressão digital do índice direito do usuário como segunda entrada.

Figura 4.10: **Acesso concedido**

Depois de receber uma correspondência (resultante da comparação entre impressões digitais de entrada com o modelo) da característica de múltiplas instâncias solicitada para autenticar um indivíduo, o acesso à porta é concedido (figura 4.10) e negado caso contrário, como resultado de uma incompatibilidade (figura 4.11). . Outra coisa importante é que os administradores podem acessar os registros de tempo dos detalhes de Login e Logout.

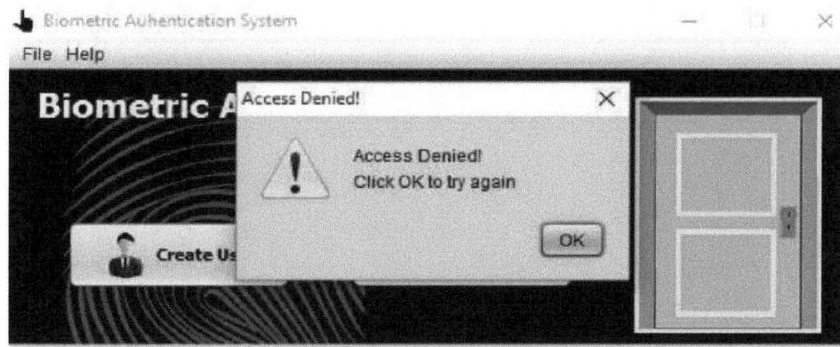

Figura 4.11: **Acesso Negado**

4.3 Recursos adicionais do sistema

4.3.1 Carimbo de Hora

Um recurso adicional a este sistema são os carimbos de data e hora de login e logout do usuário; eles podem ser muito úteis para registrar a presença, avaliar a produtividade dos funcionários e esclarecer as dúvidas em caso de qualquer investigação criminal e assim por diante. Em caso de furto, é necessário apurar a presença dos indivíduos em determinado local e por vez; portanto, restringe a lista de indivíduos suspeitos. Tudo o que é necessário é simplesmente verificar os detalhes de login (figura 4.12) e de saída (figura 4.13), o intervalo em relação ao tempo que coloca um indivíduo na cena do crime, caso haja algum.

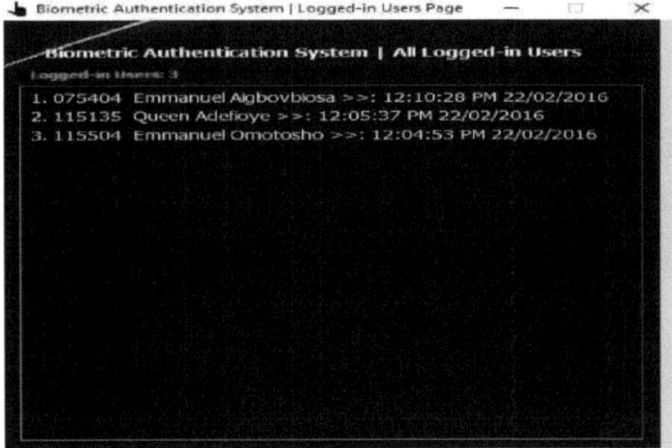

Figura 4.12: **Detalhes de login do usuário**

Figura 4.13: **Usuário desconectado**

4.3.2 Flexibilidade

O sistema oferece uma forma flexível de operação, permitindo ao administrador escolher um login especial para o usuário que pode em um momento ou outro sofrer um ferimento ou danificar acidentalmente sua impressão digital. Nesses casos, o administrador tem o privilégio de selecionar o modo de operação do sistema com base no exame físico das impressões disponíveis e configurar o sistema para exigir tal impressão digital, conforme mostrado na figura (4.14). Isso faz com que o sistema deixe de exigir impressões digitais de ambas as mãos e passe a solicitar exatamente uma impressão de uma mão específica.

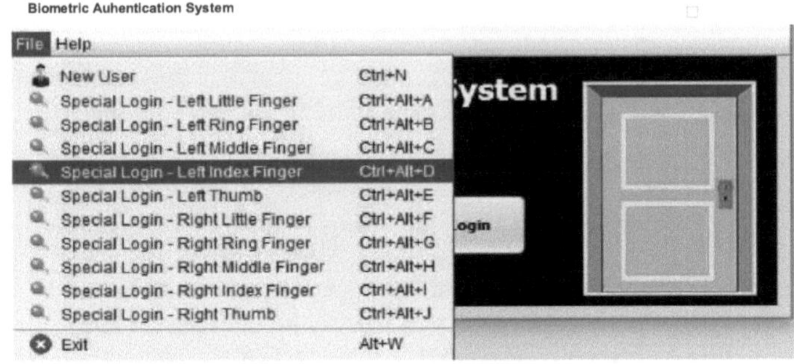

Figure 4.14: **Special Login**

Dependendo do modo de operação especificado pelo administrador, o sistema altera automaticamente a solicitação necessária para autenticação do usuário. A demanda é feita em um determinado dedo selecionado pelo administrador, que o sistema solicitará duas vezes para autenticação conforme mostrado nas figuras (4.15) e (4.16).

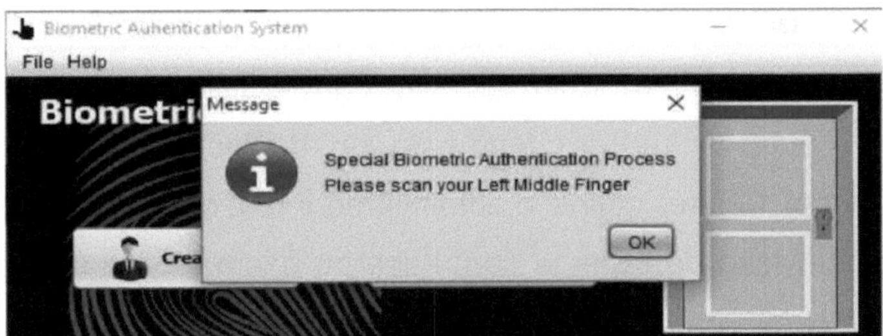

Figura 4.15: **Dedo Médio Esquerdo Selecionado no Login Especial**

Figura 4.16: **Segunda Demanda em Login Especial**

Ocasionalmente, um usuário pode decidir ou esquecer de colocar um dedo que não foi solicitado pelo sistema no scanner e como resultado uma resposta do sistema é mostrada na figura (4.17):

Figura 4.17: **Acesso negado com base em entrada incorreta de impressão digital**

4.4 Avaliação de Desempenho

O desempenho do sistema para esta pesquisa é medido com base na precisão, rendimento e tempo de resposta. Para estimar a precisão, foram realizados testes específicos. Foi criado um cenário de teste; utilizando o mesmo número de indivíduos desconhecidos que os registrados (genuínos) no banco de dados do sistema.

Tabela 4.1: Métrica de Desempenho para Sistemas Biométricos

	Positivo	**negativo**
Genuíno	PT	FN
Impostor	PF	TN

Uma forma detalhada de classificar os usuários de sistemas biométricos é mostrada na Tabela 4.1. Onde: TP significa verdadeiro positivo que ocorre em um cenário onde o usuário genuíno recebe acesso ao sistema; FP significa falso positivo que implica conceder acesso a usuário desconhecido, é também o mesmo que falsa taxa de aceitação ou falsa taxa de correspondência (FAR ou FMR); FN significa falso negativo, significando negar acesso a um usuário conhecido, isso também é chamado de taxa de rejeição falsa ou taxa de não correspondência falsa (FRR ou FNMR); enquanto TN significa verdadeiro negativo ao negar acesso a um usuário desconhecido.

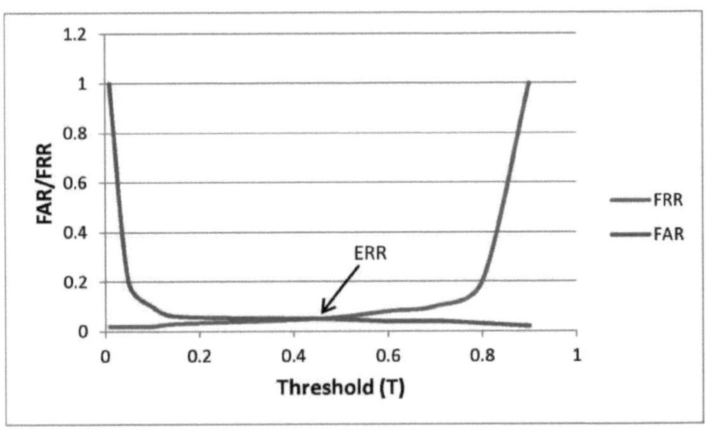

Figure 4.18: **System Equal Error Rate**

Na Figura 4.18, no valor 0,05 FAR e FRR é o mesmo, que é a taxa de erro igual (EER); também no limite mínimo a taxa de falsa aceitação é de quase 100% e no limite máximo a taxa de falsa rejeição é de quase 100% (incluindo os genuínos) são rejeitados. Com o valor da taxa de erro igual a 0,05, tão próximo de zero, implica que o desempenho do sistema é bom.

Cento e cinquenta (150) sujeitos foram cadastrados no sistema e igual número de impostores foi utilizado para testar o sistema com o limite definido no valor mais alto (9). O seguinte resultado foi obtido conforme mostrado na tabela (4.2):

Tabela 4.2: Detalhes da Avaliação

Estudant	Verdadeira	Falsa rejeição
HND	20	0
DE	130	2
TOTAL	150	2

$$\text{FAR} = \frac{\textit{False Acceptance}}{\textit{Total}} * 100 \qquad (4.1)$$

$$\text{FRR} = \frac{\textit{False Rejection}}{\textit{Total}} * 100 \qquad (4.2)$$

Table 4.3: **Values of FAR and FRR from the System Test**

FAR (%)	FRR (%)
0	1.33

A Tabela (4.3) apresenta os valores de FAR e FRR o que implica uma precisão de 98,67% considerando a taxa de aceitação genuína.

Mudando o sistema para o login especial e fazendo com que o administrador selecionasse uma determinada impressão digital para autenticação dos usuários (com autenticação sem sucesso), observou-se que ambos possuem um corte em um dos dedos que o sistema solicitou, a deformação da impressão digital cumes leva à sua negação de acesso. A seleção do dedo com impressão digital bem formada para autenticação pela administração do sistema leva à autenticação bem-sucedida para ambos os usuários que anteriormente tinham acesso negado. Enfatiza ainda mais a necessidade de um sistema flexível e também de sinergia homem-máquina no avanço tecnológico.

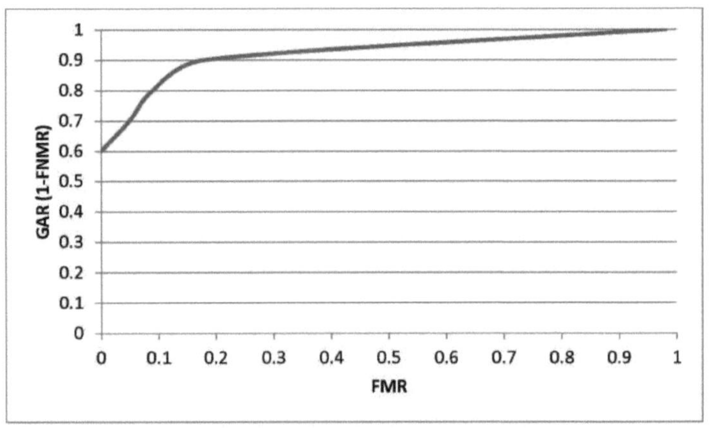

Figure 4.19 **ROC Curve for GAR/FMR**

Uma curva característica de operação do receptor (ROC) representa graficamente a taxa de correspondência falsa em relação à taxa de verificação. A taxa de verificação é a probabilidade de aceitar corretamente uma correspondência genuína, ou 1-FNMR, conforme mostrado na figura 4.19.

A curva ROC está inclinada para o canto superior esquerdo, o que é uma indicação de um bom desempenho.

CONCLUSÃO E RECOMENDAÇÕES

Conclusão

Diversas teorias, abordagens, técnicas de fusão, modelos e metodologias foram estudadas antes da técnica de extração de minúcias do Crossing Number e da decisão do nível de pontuação correspondente ser adotada. Este trabalho de pesquisa discutiu detalhadamente a técnica de pré-processamento de impressões digitais, extração de minúcias e correspondência de minúcias. Este trabalho de pesquisa conseguiu implementar a técnica Crossing Number para extrair minúcias e a distância de tolerância com base em um limite para chegar a uma pontuação correspondente. Cento e cinquenta (150) genuínos foram registrados no sistema e um número igual de impostores foi usado para testar o sistema, totalizando trezentos (300) sujeitos de teste com o limite definido no valor mais alto (9). O resultado mostra que o sistema desenvolvido é altamente eficiente na verificação de assuntos com precisão de 98% e tempo médio de execução de 3,82 segundos em um PC AMD E1-2100 com 4 GB de RAM. Possui capacidade de tolerância a falhas e flexibilidade de mudança de instância múltipla para unimodal, com ambos os módulos trabalhando independentemente um do outro. Conseqüentemente, ao implementar um sistema de autenticação em tempo real com certas flexibilidades, as decisões baseadas na pontuação correspondente são as melhores para implementação.

5.1 Contribuição da pesquisa para o conhecimento

A pesquisa estabeleceu uma verificação de segurança em uma porta que exigirá aleatoriamente qualquer impressão digital de um indivíduo para autenticar e conceder acesso a quaisquer usuários válidos.

5.2 Limitação ao estudo

A impressão digital foi adquirida de estudantes do sexo masculino e feminino, respectivamente; na maioria das alunas o sistema encontra falha na matrícula devido às impressões oleosas dos cremes de cabelo e cosméticos usados por elas; até que o álcool desnaturado fosse aplicado para remover o óleo das respectivas impressões digitais. Além disso, como um único scanner é usado para adquirir impressões digitais sequencialmente, isso aumenta o tempo necessário para a aquisição, o que teria evitado o uso de um scanner maior para capturar todas as impressões digitais de uma mão específica.

5.3 Recomendação

A necessidade de um sistema de autenticação seguro, eficaz e eficiente, com flexibilidade para atender a certas eventualidades, não pode ser subestimada, a fim de priorizar a acessibilidade dos usuários genuínos acompanhada de conveniência. Portanto, ao projetar um sistema de autenticação biométrica seguro, recomenda-se usar múltiplas características, deve haver flexibilidade na mudança de características múltiplas para características únicas para cuidar dos usuários em caso de incertezas e risco de acidente. Além disso, devem ser utilizados leitores de impressões digitais que possam acomodar (capturar) muitos dedos de uma só vez, pois isso reduzirá o tempo de registo e autenticação.

REFERÊNCIAS

Abdelkader C., Cutler R. e Davis L. (2002), 'Stride and Cadence as a Biometric in Automatic Person Identification and Verification' Na Quinta Conferência Internacional IEEE sobre Rosto e Gestos Automáticos, pp.

Adler A., Youmaran R. e Loyka , S. (2005), 'Conteúdo de informação de características biométricas' Conferência do Consórcio de Biometria Washington DC, EUA. Setembro, pp. 19-21

Ailisto HJ, Mikko L., Jani M., Elena V. e Satu-Marja M. (2005), Identificando pessoas a partir do padrão de marcha com acelerômetro. Em Processamentos de SPIE, Tecnologia Biométrica para Identificação Humana II, vol. 5779, pp. 7-14

Akinduyite C., Adetunmbi A., Olabode O. e Ibidunmoye E., (2013), Sistema de gerenciamento de atendimento baseado em impressão digital. Journal of Computer Sciences and Applications, vol.1, edição 5, pp.100 - 105

Atul S, Girish K e Sandip S. (2014). Implementação de sistema de identificação de impressões digitais baseado em minúcias usando o conceito de número cruzado. Jornal Internacional de Tendências e Tecnologia de Computação (IJCTT), vol.8, edição 4, pp.

Biosecure (2007), Network of Excellence: Biosecure Multimodal Database (http://www.biosecure.info) recuperado em 4 de maio de 2014.

Braun D. (2003), Como eles encontraram a garota afegã da National Geographic, National Geographic, 7 de março de 2003. www.news.nationalgeographic.com

Brunelli R. e Falavigna D. (1995), Identificação de Pessoa Usando Múltiplas Dicas, Transações IEEE em Análise de Padrões e Máquina Inteligência, vol. 17, edição 10, pp. 955 - 966

Burge M. e Burger W. (2000), Biometria auditiva em visão computacional. Na Conferência Internacional sobre Reconhecimento de Padrões, Los Alamitos, EUA: Sociedade de Computação IEEE, pp.

Chai Y., Jinchang R., Rongchun Z. e Jingping J. (2006), Reconhecimento Automático de Marcha usando Recursos de Variância Dinâmica. Na Conferência Internacional sobre Reconhecimento Automático de Rostos e Gestos, pp .

Chang KI, Bowyer KW e Flynn PJ (2005), Uma Avaliação de Biometria Facial Multimodal 2D+3D, Transações IEEE em Análise de Padrões e Inteligência de Máquina, Vol. 27, edição 4, pp.

Chirchi V., R., Waghmare LM e Chirchi ER (2011), Iris Biometric Recognition for Person Identification in Security Systems, International Journal of Computer Applications, Vol. 24, edição 09, pp. 1-6

Cohen G. e Zemo G. (2004), Generalized Coset Schemes for the Wire tap

Channel: Application to Biometrics, em IEEE International Simpósio sobre Teoria da Informação, Chicago, 2004.

Croce L., Mayerhoefer A., Frank M., Vielhauer C. e Steinmetz R. (2002), Autenticação biométrica para cartões de identificação com marcas d'água de holograma, em Segurança e marca d'água de conteúdos multimídia IV, Pocesdings of SPIE, vol. 4675 (SPIE, Bellingham, WA 2002), pp.

David B., (2010), "Biometria: Seu corpo é sua senha" de http://www.biometricsaustralia.com/article.html Acesso em: 05 de junho de 2016.

DivyakantTM e Kumbharana CK (2013). Estudo Comparativo de Diferentes Técnicas de Fusão em Autenticação Biométrica Multimodal. Jornal Internacional de Aplicações de Computador, vol. 66, edição 19, pp.

Ernst RH (1971), Sistema de identificação de mãos, Patente dos EUA nº 3576537

Gafurov D., (2002), Uma Pesquisa de Reconhecimento Biométrico da Marcha: Conferência de Abordagens, Segurança e Desafios; de http://www.nik.no/
Acessado em 3 de janeiro de 2015

Gafurov D. Einar S. e Tor EB (2006), Robustez da autenticação biométrica da marcha contra ataques de representação. No Primeiro Workshop Internacional sobre Segurança da Informação (IS'06), On the Move Federated Conference (OTM'06), Montpellier, França, 30 de outubro - 1 de novembro de 2006, Springer LNCS 4277, pp.

Gafurov D. Einar S. e Patrick B. (2007), Spoofs Attack on Gait Authentication System. Transações IEEE sobre Análise Forense e Segurança da Informação, vol. 2, edição 3, Edição Especial sobre Detecção e Reconhecimento Humano.

Grijpink J. (2001), Lei de Privacidade Biometria e Privacidade, Relatório de Legislação e Segurança de Informática, vol. 17, edição 3, pp.

Harbi A., Imran M. e Sheshadri HS (2012), Multibiometria : fusão em nível de recurso usando FKP Multi- instância Biométrica, International Journal of Computer Science (IJCSI), vol. 9, edição 3, pp. 252 - 259

Hill RB (1999), 'Identificação de Retina', In: AK Jain et al. (Eds.) (1999),

"Biometria: Identificação Pessoal na Sociedade em Rede", Kluwer Academic Publisher, Boston, MA, EUA

Imran M., Rao A. e Kumar HG (2010), Sistemas Multibiométricos : Um Estudo Comparativo de Abordagens Multialgorítmicas e Multimodais, Procedia Computer Science, Elsevier, vol. 2 (2010), pp.

Iwasokun GB, Akinyokun OC e Angaye CO (2013). Correspondência de impressões digitais usando distinção de vizinhança . International Journal of Computer Applications, vol.66, edição 21, pp.

Jacoby H., Giordano A. e Fioretti W. (1972), "Personnel Identification Apparatus", Patente dos EUA nº 3648240

Jain, A., Ross, A., Panakanti , SA (1999), protótipo, manual, baseado em geometria , verificação., e sistema, AVBP AVBPA: procedimentos da 2ª Conferência Internacional sobre Biometria Baseada em Áudio e Vídeo Autenticação de Pessoa , Washington DC.

Jain AB, Nandakumar K., Lu X. e Park U. (2002), "Integrando Rostos, Impressões Digitais e Soft" vol. 1, pág. 321.

Jain AK e Ross A. (2004), Sistemas Multibiométricos , Comunicação do ACM, Edição Especial sobre Interfaces Multimodais, vol. 47, edição 1, pp.

Jain A., Nandakumar K. e Ross A. (2005), Normalização de pontuação em sistemas biométricos multimodais, The Journal of Pattern Recognition Society, Elsevier, vol. 38 páginas 2270-2285.

Jain AK e Dorai C. (2005), 'Cosmos - um esquema de representação para superfícies de forma livre'. Em Proceedind Conferência IEEE sobre Visão Computacional, pp.

Jain AK, Ross A. e Pakanti S. (2006), Biometric: A Tool for Information Security, IEEE Transaction on Information Forensics and Security, vol.1, edição 2, pp.

Jain AK, Flynn P. e Ross AA (2008), Handbook on Biometrics, Nova York, EUA, Springer Science Business Media, LLC.

Jyoti M. e Dhiraj G. (2014). Cálculo de limite de referência para autenticação biométrica. Processamento de imagens, gráficos e sinais, vol. 2( ) , pp.46-53.

Kresimir D. e Mislav G. (2004), A Survey of Biometric Recognition Methods, 46ª Conferência Internacional Simpósio de Eletrônica Marinha, ELMAR-2004, 16 a 18 de junho de 2004, Zadar, Crotia .

Kumar A., Wong DC M, Shen HC e Jain AK (2003), Personal Verification using Palmprint and Hand Geometry Biometric, em Procedimento da 4ª Conferência Internacional sobre Autenticação Biométrica de Pessoa Baseada em Áudio e Vídeo, pp.

Kumar k. e Dubey S. (2012), Autenticação biométrica usando pegada humana, International Journal of Applied Information Science (IJAIS), vol.3, edição 7, pp.

Lawrence S., Giles CL, Tsoi AC e Back AD (2007), Rosto Reconhecimento: Uma Abordagem de Rede Neural Convolucional, IEEE Transação em Rede Neural, vol. 8, edição 1, pp. 53-68.

Lukasz W. (2009). Um algoritmo de correspondência baseado em minúcias em sistema de reconhecimento de impressão digital. Jornal de Informações e Tecnologias Médicas, 13 ( ) , pp. 65-72.

McMahon Z., (2005), "História Biométrica, Universidade de Indiana", Indiana Universitário de Ciências da Computação, http://www.cs.indiana.edu/-zmcmahon/biometrics-history.htm Acesso em: 03 de novembro de 2015

McKeehan DA (2002): Programa de Gerenciamento de Presença, Cidade de Pleasanton, Recursos Humanos.

Middleton L., Alex A., Buss AB e Nixon MS (2005), Um sistema de sensor de piso para reconhecimento de marcha. No Quarto Workshop IEEE sobre Tecnologias Avançadas de Identificação Automática (AutoID'05), pp. - 174

Moorthy SM, Jayaraj R. e Jagadeesan J. (2014). Sistema de autenticação de impressão digital usando correspondência e aplicação minuciosas. Jornal Internacional de Ciência da Computação e Computação Móvel, vol. 3, edição 3, pp. 616-622.

Muskaan e Tarun G. (2015), Performance Enhancement of Multimodal Biometrics Using Cryptosystem, Journal of Engineering Research and Applications, vol. 5, edição 6, pp. 12 - 16.

Naik J. (1990). ' Verificação de alto-falante: um tutorial', IEEE Communication Magazine, pp.

Nalini KR e Bolle RM (2006), IBM Thomas J. Watson, Automated Biometric Research Center páginas 1-2.

Nandakumar K. (2008). Sistemas MultiBiométricos : Estratégias de Fusão e Segurança de Modelos, Tese de Doutorado, Michigan State University,
EUA, 2008.

Noorjahan K. e Mrinal K. (2013). Biometria Multimodal: Uma revisão. Jornal Internacional de Ciência da Computação e Tecnologia da Informação e Segurança, vol. 3, edição 3, pp.

Pesquisa de senha do NTA Monitor, (2002). http://www.out-law.com/pages-3193 Acessado em 30 de julho de 2015.

Orr RJ e Abowd GD (2000), The Smart Floor: A Mechanism for Natural User Identification and Tracking, em Anais da Conferência sobre Fatores Humanos em Sistemas de Computação.

Paul R. (2004), Biometria para segurança de rede, Prentice Hall Professional, 0131015494, 2004.

Prabhakar S. e Jain AK, (2002). Fusão de nível de decisão na verificação de impressões digitais. Reconhecimento de padrões, vol.35, edição 4, pp.

Rattani A., Kisku DR, Bicego M. e Tistarelli M. (2007), Feature Level Fusion of Face and Fingerprint Biometrics, Primeira Conferência IEEE sobre Biometria: Teoria, Aplicações e Sistemas (BTAS), 27 a 29 de setembro 2007

Ravi J., Raja KB e Venugopal KR (2009). Reconhecimento de impressão digital usando correspondência de pontuação. Revista Internacional de Ciência e Tecnologia de Engenharia, vol.1, edição 2, pp.

RAYCO Security (1997), " Leitor biométrico de retina Eyedentify " http://www.raycosecurity.com/-hirsch/EyeDentify.html .

Roli B., Priti S. e Punam B. (2011). Extração de minúcias de imagens de impressões digitais - uma revisão. Revista Internacional de Ciência da Computação, vol.8, edição 5, pp.74 - 85.

Ross A. e Jain A. (2003). Fusão de informações em biometria, Cartas de reconhecimento de padrões, vol. 24( ) , pp. 2115 - 2125.

Ross A., Nandakumar K. e Jain AK, "Handbook of Multibiometrics ", edição Springer- Verlag , 2006.

Ross A., Jain AK e Pankanti S. (2005), Um sistema de verificação baseado em geometria manual. http://biometrics.cse.msu.edu/hand/protol.html Acessado em 10 de maio de 2015.

Sanchez- Reillo R., Sanchez-Avila C. e Gonzalez-Marcos A. (2000), Identificação biométrica por meio de medições de geometria manual, análise de padrões de transações IEEE e inteligência de máquina Vol. 22, edição 10, pp.

Sanjekar PS e Patil JB (2013), Uma Visão Geral da Biometria Multimodal, Processamento de Sinais e Imagens, An International Journal (SIPIJ), vol. 4, edição 1, pp. 57 - 64

Shanthakumar HC e Janardhan NA, (2016). Uma autenticação eficiente de pessoal por meio de sistema biométrico multimodal. Revista Internacional de Engenharia Científica e Ciência Aplicada, vol. 2, edição 1, pp. 534-543.

Sidlauskas D. (1988), "aparelho de identificação de perfil de mão 3D", Patente dos EUA nº 4736203.

Steel RGD e Tome JH (1996), Princípios e Procedimentos de Estatística: Uma Abordagem Biométrica, Nova York, McGraw-Hill

Suutala J. e Roning J. (2004), Rumo à identificação adaptativa de caminhantes: seleção automatizada de recursos de passos usando LVQ sensível à distinção. No Workshop Internacional sobre Processamento de Informações Sensoriais para Sistemas Proativos (PSIPS), 14 a 15 de junho de 2004.

Teoh A., Samad S. e Hussain A. (2004). Classificadores de bairro mais próximos em uma decisão de fusão de sistema de verificação biométrica bimodal, Journal of Research and Practice in Information Technology.

O FingerprintSourceBook, de https://www.ncjrs.gov/pdffiles1/nij/225321.pdf, acessado em outubro, 2 013.

Thompson, AF (2014), Desenvolvimento de Sistema de Verificação de Identidade Humana usando Biometria Multimodal, Tese de Doutorado , FUTA, Nigéria,
2 014.

Uhl A. e Wild P. (2009). Reconhecimento de impressão digital multiinstância e de dedo próprio de sensor único usando métodos de combinação de pontuação (ponderada). Revista Internacional de Biometria, vol. 1, edição 4, pp. 442 - 462

Van de Broek , Egon L. e Martijn S. (2013), Sinais Fisiológicos: Os Métodos de Autenticação e Identificação da Próxima Geração, Conferência Europeia de Inteligência e Segurança Informática, pp.

Wayman JL (2007), Forward, em A. Jain, et al. (Eds.): Manual de Biometria, Springer, Nova York, 2007

Wayman JL, Jain AK, Maltoni D. e Maio D. (2005), Uma introdução aos sistemas de autenticação biométrica em sistemas biométricos: tecnologia, design e avaliação de desempenho. JL Wayman , AK Jain, D. Maltoni e D. Maio , Eds. Londres: Springer- Verlag , 2005, cap.9 pp.

Wayman JL (2002), Teste Técnico e Avaliação de Dispositivos de Identificação Biométrica, em A. Jain, et al. (Eds) Biometria: Identificação Pessoal na Sociedade em Rede. Imprensa Acadêmica Kluwer.

Wilds RP (2007), 'Características Biométricas', Procedimento do IEEE 85(9), pp.

Yung-Hui e Savvides M. (2010), “Reconhecimento de íris” em biometria: teoria, métodos e aplicações. Editado por Boulgouris , Plataniotis e Micheli-Tzanakou , Copyright 2010, Instituto de Engenharia Elétrica e Eletrônica Inc.cfa

Printed by Books on Demand GmbH, Norderstedt / Germany